Joyce Michelle Silva Cuenca

Autoría, edición, diseño, diagramación y portada

michellesilvacuenca@hotmail.com

Contacto

PREÁMBULO

Un trabajo de investigación que enseña al lector cómo identificar los puntos débiles de su sitio web actual, para mejorarlos y brindar a su usario una navegación pensada en sus necesidades.

La presente obra es un trabajo de investigación de fin de estudios para la obtención del posgrado en la maestría de Diseño de Experiencia de Usuario. Todas las fuentes y referencias bibliográficas usadas para este trabajo se encuentran debidamente documentadas. Usted como lector, tal vez encuentre esta obra un poco extensa, pero todo se encuentra presentada de forma clara, sencilla y con apoyo gráfico, para que el lector pueda leer y comprender de forma cómoda.

Quiero agradecer a todas las personas que han participado tanto de forma directa como indirecta en la realización de este proyecto de investigación, a mis padres, quienes de forma incondicional me apoyaron y ayudaron. Especialmente agradecer a Eduardo Torres, mi leal amigo, compañero y confidente, quien fue un pilar fundamental para la realización de este proyecto y en añadidura, su apoyo constante durante todo el máster.

Resumen

El rediseño web que se realizó para el sitio web de la empresa Alfombras Publicitarias, empresa ecuatoriana líder en el sector de alfombras personalizadas comerciales. Obedeció a la necesidad de solucionar los problemas que el sitio web de AP (acrónimo de Alfombras Publicitarias) presentaba como: usabilidad, experiencia de usuario, actualización de la arquitectura de información, renovar la imagen de la marca en línea, entre otros. Para ello se realizó un proyecto web que integró las metodologías ágiles y procesos de pensamiento de diseño como *Design Thinking* y *User Centered Desig*. El primero se enfocó en el tiempo del desarrollo del proyecto, para que sea de forma rápida y flexible, reduciendo al máximo el desperdicio, mientras el segundo se focalizó en la ideación del proyecto y solución a los problemas encontrados en el sitio web anterior, mientras el tercero se centró en el usuario, realizando estudios e investigaciones sobre el tipo de usuarios y demás prácticas que aseguren que los objetivos y desarrollo del proyecto web estén alineados con las necesidades y expectativas del usuario, pues no solo se trata de usabilidad, sino de la experiencia que es la perspectiva subjetiva del usuario sobre la satisfacción que tiene al usar un producto digital y conlleva a que regrese o no. Mientras las etapas que tuvieron lugar durante el desarrollo del proyecto web fueron investigación, ideación, prototipado y evaluación. Lo cual dio como resultado la presentación de un nuevo sitio web para Alfombras Publicitarias, renovado y que cumple los objetivos del negocio y de los usuarios

Palabras Clave:

Rediseño web, Experiencia de usuario, Usabilidad, Empatía con el usuario, Diseño Web

Abstract

The web redesign that was carried out for the website of the company Alfombras Publicitarias, a leading Ecuadorian company in the sector of personalized commercial carpets. It was due to the need to solve the problems that the AP website (acronym for Alfombras Publicitarias) presented such as: usability, user experience, updating the information architecture, renewing the image of the online brand, among others. For this, a web project was carried out that integrated agile methodologies and design thought processes such as Design Thinking and User Centered Desig. The first focused on the development time of the project, to make it fast and flexible, minimizing waste, while the second focused on the ideation of the project and solution to the problems found on the previous website, while the third focused on the user, carrying out studies and research on the type of users and other practices that ensure that the objectives and development of the web project are aligned with the needs and expectations of the user, since it is not only about usability, but about the experience that is the user's subjective perspective on the satisfaction they have when using a digital product and leads to their return or not. While the stages that took place during the development of the web project were research, ideation, prototyping and evaluation. Which resulted in the presentation of a new website for Advertising Carpets, renewed and that meets the objectives of the business and the users.

Keywords:

Website Redisegn, Web Design, Usability, User Experience, Empathy with the user

Tabla de Contenidos

CAPÍTULO I - INTRODUCCIÓN

CAPÍTULO II - ESTADO DEL ARTE

CAPÍTULO III - OBJETIVOS Y METODOLOGÍA DE TRABAJO

CAPÍTULO IV - DESARROLLO DE LA CONTRIBUCIÓN - DISEÑO DE PRODUCTO DIGITAL

CAPÍTULO V - CONCLUSIONES Y LÍNEAS FUTURAS

BIBLIOGRAFÍA

Capítulo I

Introducción

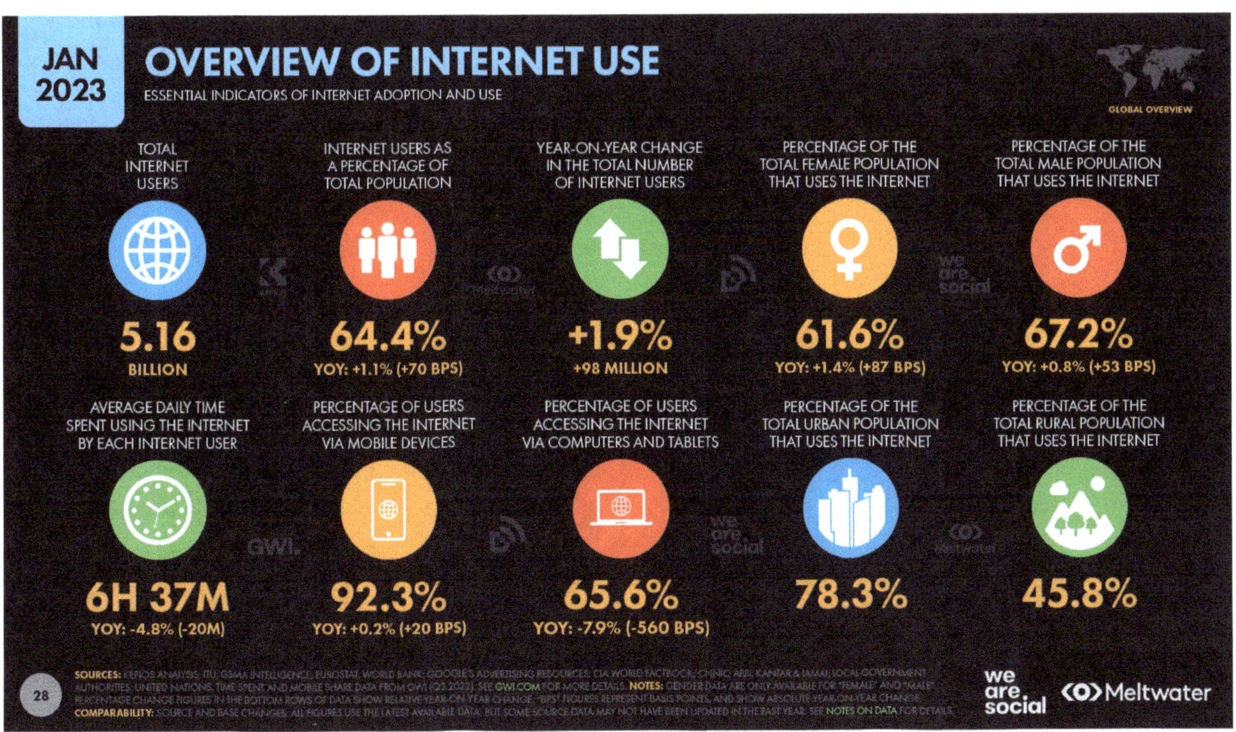

Ilustración 1, Major update to internet user numbers. Fuente: Digital 2023: Global Overview Report.

La necesidad de tener presencia digital o en línea por parte de las marcas en la época actual, es muy importante porque cerca del 64,4% de la población mundial está conectada a Internet y gastan en promedio cerca de 6 horas con 37 minutos navegando, según el informe de Digital Report 2023 **(Kemp, 2023)**, es decir, cerca de 5,16 Billones de personas en el mundo están conectadas a la red de internet de forma diaria, entonces las marcas tienen un abanico de oportunidades para conectar con sus nichos de mercado. Por ello que la presencia en línea y la imagen de la marca en internet resulte de gran trascendencia.

Por lo tanto, un sitio web resulta un canal o punto de contacto muy relevante para conectar al público objetivo con la marca, usuarios que puedan convertirse en prospectos de venta y ejecutar acciones deseadas por las compañías como: comprar. Pero no termina el proceso con la compra, sino que continúa el mismo, pues la marca trabajará en fidelizar a esos usuarios para que sigan comprando a esa misma marca. Un ejemplo son las comunidades de marcas de Apple, Samsung y Nike, a las cuales pertenecen usuarios denominados brand lovers, pues son fieles a esas marcas y sienten exclusividad al pertenecer a tales grupos. El internet es un portal que ha permitido diversificar y aumentar de forma sustancial los ingresos de las marcas gracias a las ventas en línea o que se efectúan a través de canales digitales como sitios web y redes sociales, tal y como lo muestra Digital Report 2023:

Ilustración 2, Changes in online shopping behaviours. Fuente: Digital 2023: Global Overview Report.

Así que, cuando un sitio web no está cumpliendo los objetivos del negocio como canal o punto de contacto, es cuando se considera realizar cambios importantes a éste, ya que de continuar esperando que la situación cambie a favor, podría conllevar a más pérdidas de las que ya está teniendo la marca. Existen varios casos de rediseño web por parte de marcas colosales como el caso de El Grupo Deutsche Vermögensberatung AG. (DVAG), una empresa de consultoría financiera alemana. Dicha empresa en el año del 2018 decidió renovar su plataforma o intranet, la cual era un medio de comunicación interna entre empleados de la compañía, pero por problemas de rendimiento, usabilidad y otros se dificultaba su uso por parte de ellos, lo que repercutía en la comunicación de ventas. Con el rediseño web de su intranet, lograron alcanzar y superar las expectativas de los objetivos marcados, además que fue incluida en el informe de *Intranet Design Annual: 2021* realizado de forma anual por el líder de usabilidad mundial: Norman Nielsen Group.

Con ello se demuestra la envergadura del proyecto a realizar al plantear un rediseño web a la empresa Alfombras Publicitarias, una marca ecuatoriana especializada en el sector de fabricación y comercialización de alfombras personalizadas para uso comercial y doméstico, con más de 12 años de experiencia, lo que convierte a AP (acrónimo de Alfombras Publicitarias) en líder de ese sector del mercado y en consecuencia, la relevancia de contar con un sitio web óptimo que sirva de punto de contacto o canal entre sus potenciales clientes. Pues el sitio web actual de AP presenta varios problemas que ameritan un rediseño web para solucionarlos y mejorar características existentes como la usabilidad, la experiencia de usuario y actualización de su arquitectura de información, ya que en su sitio web hay muchos productos que en la actualidad ya no forman parte de su catálogo de ventas, también implementar mejoras en la presentación de estos. Además de mejorar y renovar la imagen de la marca en línea, para llegar a más usuarios y que estos se conviertan en clientes.

La forma en la cual se realizará el rediseño web de AP, parte desde las fases de investigación, donde se conoce a fondo cuál es el problemas y causas de este, también las necesidades del negocio y usuarios, para luego realizar procesos de ideación, comparativa de competidores, empatía con los usuarios, para finalmente establecer la estructuras del nuevo sitio web, contenidos sea a mantener o integrar, estrategias de conversión y finalmente prototipar, para evaluar la usabilidad del sistema con los usuarios, así poder publicar el nuevo sitio en la web.

1.1. Motivación/Justificación

La era digital ha marcado un antes y un después en la manera en que los negocios se dan a conocer a sus clientes y permite captar clientes, tanto así, que los puntos de contacto físicos se han reducido de forma drástica en los últimos años, un ejemplo son las agencias bancarias en Norteamérica, que sus clientes deciden realizar todo desde la web, pero solo retirar y depositar dinero en efectivo en las agencias bancarias, que ahora tienen poca afluenza. Entonces, tener presencia web para un negocio es imprescindible, pero muchos negocios caen en el error de creer que todo lo que necesitan es un sitio web y eso es todo, cuando un sitio web es solo un paso de muchos, pues éste debe responder a objetivos del negocio, como puede ser suscripción, contacto, ventas y otros, es cuando surgen nuevas carreras como el marketing digital, marketing de contenidos, inbound marketing y otros, con la finalidad de crear acciones que conduzcan al usuario no solo a un sitio web, sino que realicen una acción deseada.

Un sitio web no solo debe ser una plantilla atractiva, debe ser un canal y medio de contacto entre potenciales clientes y el negocio, por ello que sea necesario conocer al usuario al cual el negocio pretende llegar, investigar sus objetivos y frustraciones para ofrecerle lo que necesita y sienta que obtiene más de lo que esperaba. Por eso se plantea realizar un rediseño web al sitio web actual de Alfombras Publicitarias, una empresa con más de 12 años de trayectoria en la ciudad de Quito, república del Ecuador, se encuentra bien posicionadas en las búsquedas web y también en su nicho de mercado: fabricación y comercio de alfombras personalizadas. Sin embargo, su sitio web actual presenta varios problemas de usabilidad, organización de contenidos, información desactualizada respecto a sus servicios y catálogo de productos, además de problemas técnicos. Los cuales no permiten cumplir con los objetivos del negocio: conversión a las ventas. Esto no significa integrar una tienda en línea o ecommerce, sino que el usuario tome el siguiente paso a la acción: contactar al negocio.

Por estas razones se demuestra que es necesario mejorar varios aspectos del sitio web de Alfombras Publicitarias, pues un sitio web llega a ser el escaparate de una empresa, por ser la primera impresión que recibe el usuario sobre la organización, por eso se dice que los primeros diez segundos son los más importantes: el usuario se va o se queda, como se cita de la revista TecnoHotel, Desarrollo Web ¿La llave del éxito?: «tu página de inicio cuenta con menos de cinco segundos para atraer, retener y convertir las visitas en clientes» **(TecnoHotel, 2016, pág. 17)**, un correcto sitio web debe ser capaz de responder a los objetivos de una empresa, que es convertir a los usuarios en potenciales clientes, para eso, se debe entonces brindar una experiencia y usabilidad óptimas para el usuario.

1.2. Planteamiento del trabajo

El problema que se busca resolver en la presente investigación es ¿Cómo mejorar la usabilidad y experiencia del usuario en el sitio web de Alfombras Publicitarias? Pues el sitio web actual presenta varios problemas de usabilidad, experiencia y hasta ciertos problemas técnicos aunque menores, mismos que se comprobaron al hacer un test de velocidad y optimización web usando las herramientas de GTMetrix y Google Page Speed Insights, las cuales arrojaron los siguientes resultados:

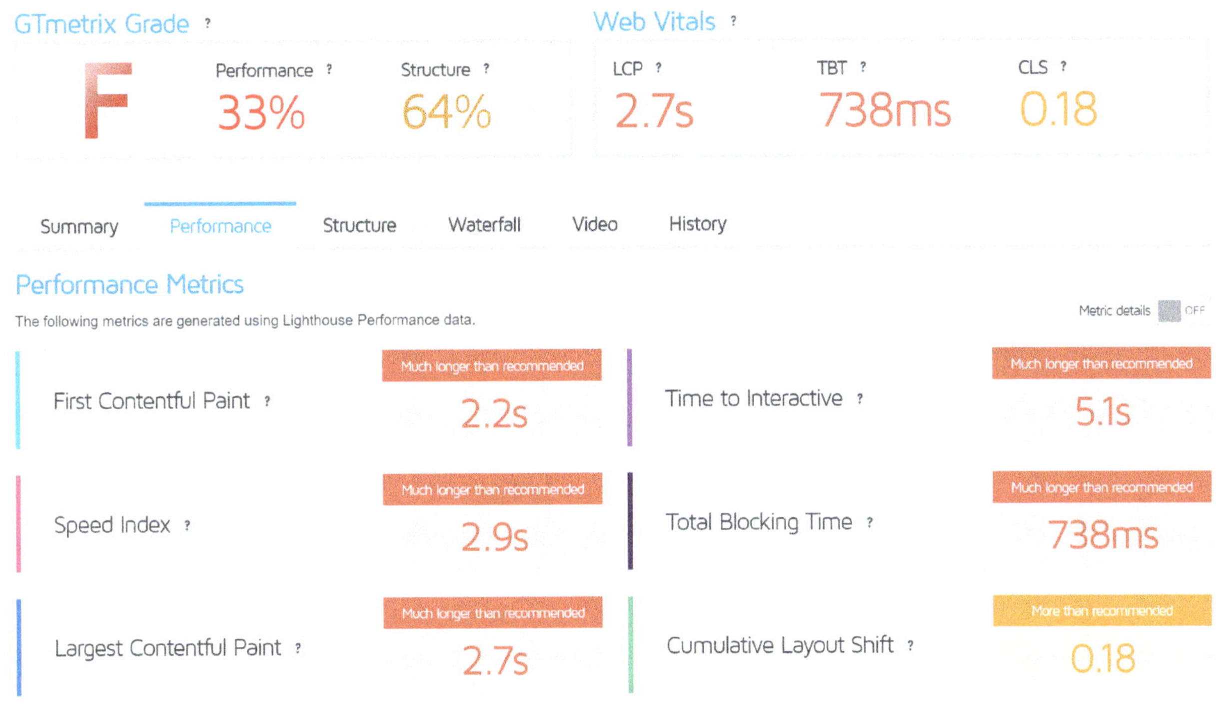

Ilustración 3, Resultados de GTMtrix tras analizar el sitio web de Alfombras Publicitarias, arroja una calificación de F como la más baja. Captura de pantalla hecha por la autora (2023).

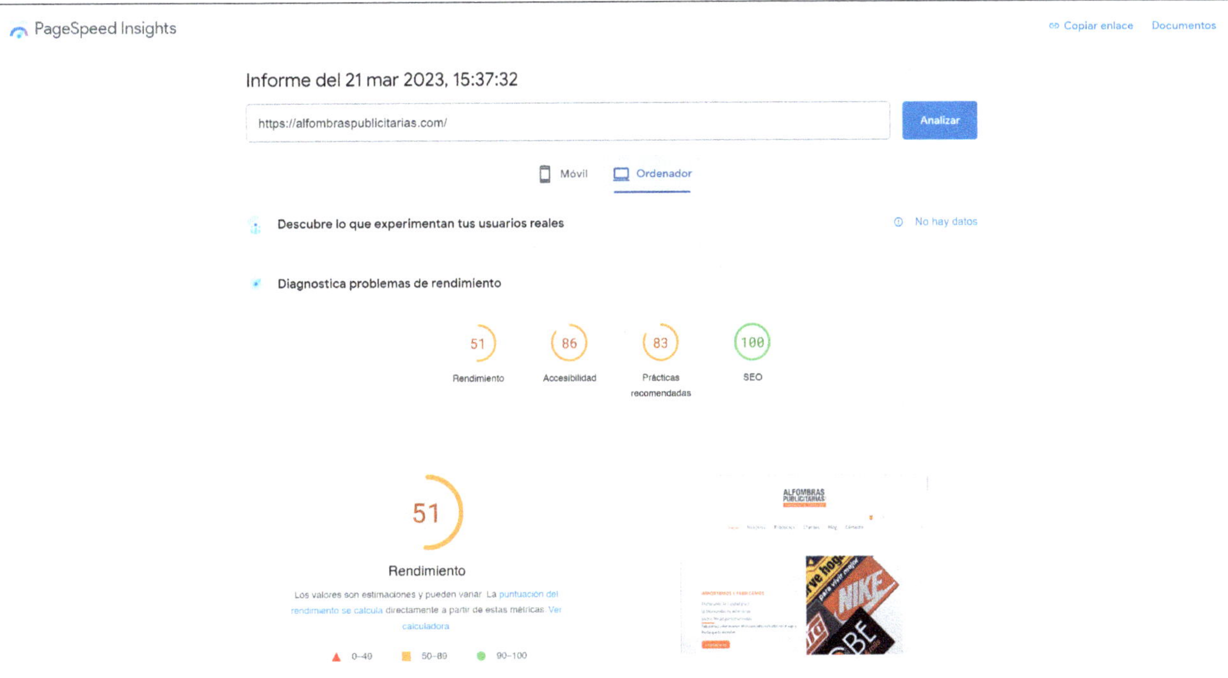

Ilustración 4, resultados de Google Page Speed Insights tras analizar el sitio web Alfombras Publicitarias. Captura de pantalla hecha por la autora (2023).

En las imágenes presentadas se puede observar la evidencia de los problemas de rendimiento web del sitio, los cuales posteriormente afectan a la experiencia de usuario, pues los tiempos de carga son elevados si se considera que son los diez primeros segundos donde el usuario decide si se queda o se va, escanea la información buscando lo que necesita, pero este sitio tarda ocho segundos en mostrar todo el contenido, así que la probabilidad de la tasa de abandono de los usuarios puede ser muy alta, pues no están dispuestos a esperar tanto.

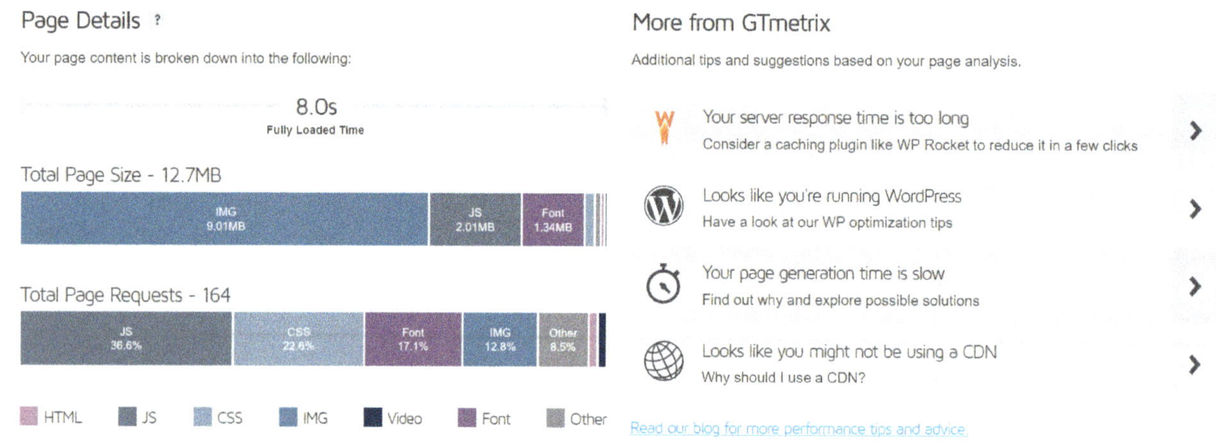

Ilustración 5, resultados de GTMtrix tras analizar los contenidos del sitio web Alfombras Publicitarias. Captura de pantalla hecha por la autora (2023).

Mientras otro problema que se evidencia es la optimización del sitio web, es importante presentar un contenido de alta calidad al usuario. Sin embargo, esto no significa provocar un excesivo peso en las imágenes, porque esto provoca una demora en la descarga de cada página del sitio, lo cual también repercute en la experiencia del usuario. Como se puede observar en la ilustración 3, el peso total de las imágenes es de 9,01 MB cuando lo adecuado es no superar los 500KB y por ende, se concluye que están demasiado pesadas las imágenes.

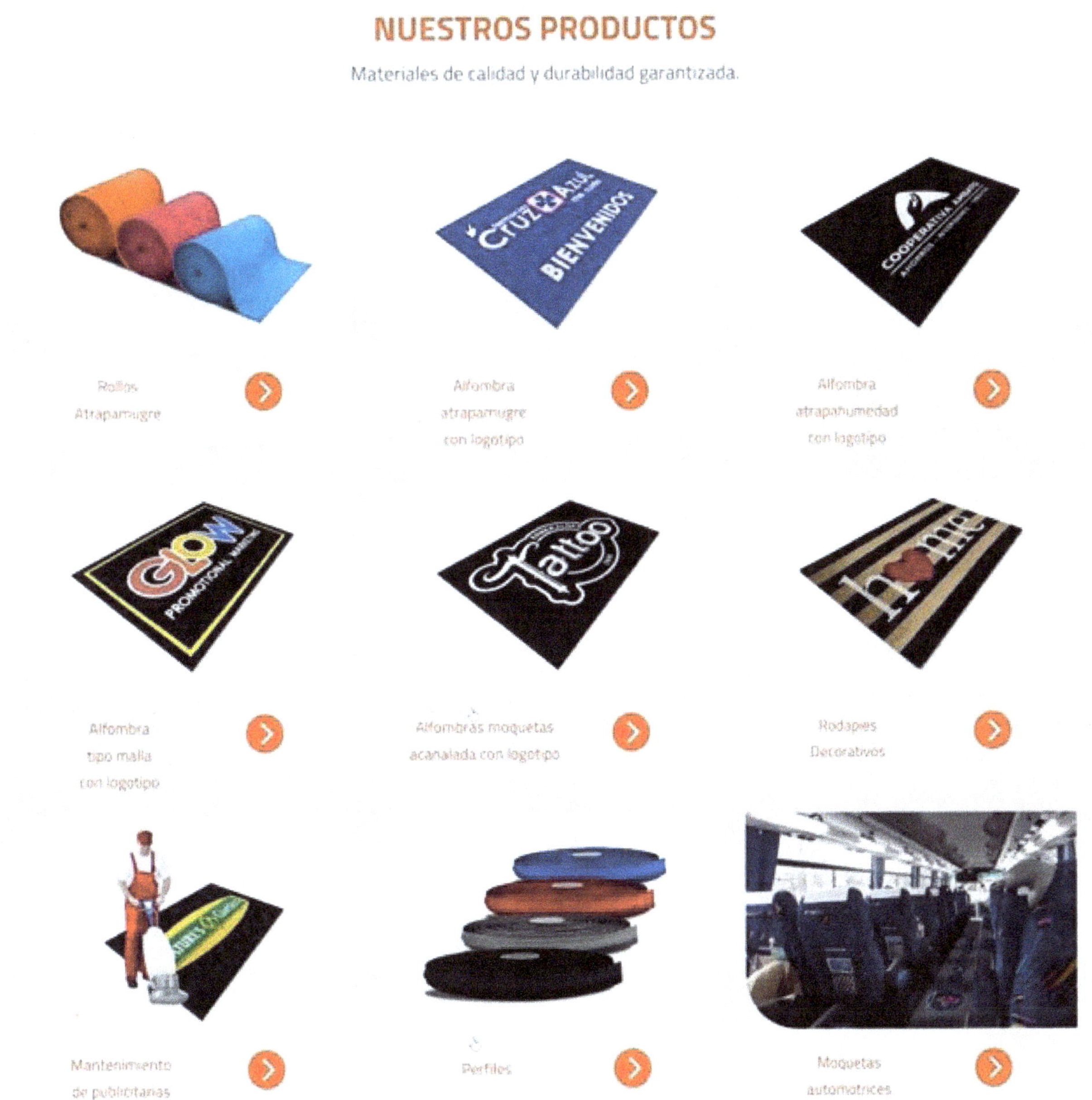

Ilustración 6, catálogo web de productos y servicios de Alfombras Publicitarias, algunos de los cuales ya ni siquiera venden u ofrecen. Captura de pantalla hecha por la autora (2023).

El resto de los problemas refieren a la arquitectura de información y usabilidad, pues hay contenidos que se encuentran desactualizados e incluso obsoletos de su catálogo de productos y servicios, tal y como se muestra en la ilustración 4, donde el mantenimiento a alfombras, la venta de perfiles y moquetas automotrices, ya ni siquiera venden ni ofrece la empresa, pero aparece allí aparece en el sitio web. Mientras en lo que concierne a usabilidad, el aspecto más importante se encuentra en el formulario de contacto que no notifica a la empresa cuando un usuario consulta por ese medio.

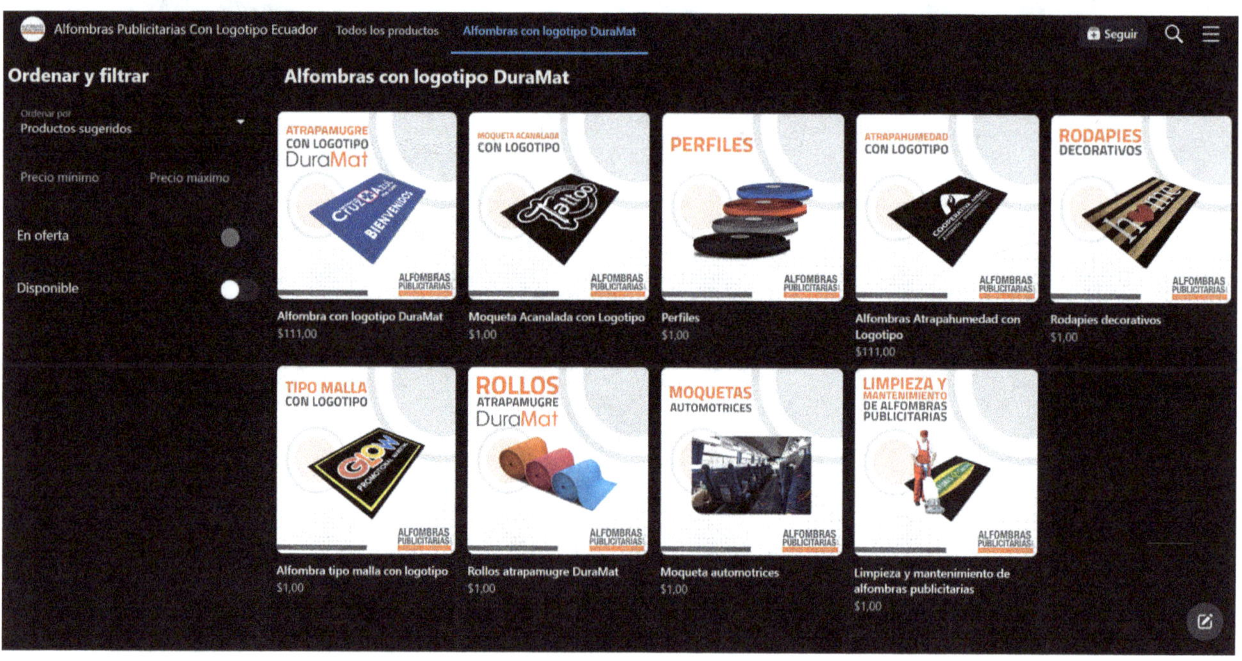

Ilustración 7, FanPage de Facebook de Alfombras Publicitarias, donde tampoco se han actualizado el catálogo de servicios y productos. Captura de Pantalla hecha por la autora (2023).

Otro problema detectado como se presenta en la ilustración 5, aunque refiere a crossmedia, lo cual significa: «Como su nombre en inglés lo indica "cross" y "media" significa "cruzar los medios". Es decir, extender una historia a varios soportes o plataformas; sin embargo, la historia no se entiende si no se experimenta en conjunto» (**Universidad Técnica Particula de Loja, 2017**). En las redes sociales de Alfombras Publicitarias tampoco se ha actualizado el contenido, por consiguiente, el mensaje presentado en distintos canales como sitio web y redes sociales, sigue desactualizado.

Entonces para solucionar este problema, se propone realizar un rediseño web total del sitio, partiendo desde la parte estructural como cantidad de páginas de primer y segundo nivel, luego el establecimiento de contenidos, su categorización y distribución, hasta la parte de diseño visual que comprende la interfaz del sitio, que muestre la línea gráfica corporativa de la empresa Alfombras Publicitarias. De tal manera que, se pueda solucionar los problemas de usabilidad y mejorar la experiencia del usuario, aunque la experiencia es subjetiva, como dice Donald Norman en su libro *Emotional design: why we love (or hate) everyday things*: «las cosas atractivas hacen que las personas nos sintamos mejor, lo que nos lleva a pensar de forma más creativa. ¿Cómo se traduce eso en mejor usabilidad? Simple, haciendo que las personas puedan encontrar soluciones a sus problemas más fácilmente» **(Norman, 2004)**.

1.3. ESTRUCTURA DE LA MEMORIA

La estructura del presente proyecto se compone de varios capítulos, los cuales se explican de forma general a continuación, para ofrecer un preámbulo sobre el contenido de la presente investigación.

Capítulo 1: es la introducción, en la cual se describe la idea principal sobre el proyecto, y los temas que se abordarán, también incluye la justificación y planteamiento del problema a resolver.

Capítulo 2: comprende el Estado del Arte, que son los conceptos teóricos, investigaciones previas sobre temas relacionados y casos de estudio. En este capítulo se abarca sobre los principios necesarios a considerar al momento de planear, diseñar y desarrollar un producto digital, sea de la índole que trate.

Capítulo 3: son los Objetivos y metodología de trabajo, donde se presentan las metas a alcanzar en el presente proyecto, donde el objetivo general es el resultado y los objetivos específicos son los pasos para conseguirlo. Mientras la metodología de trabajo explica cuáles son los procedimientos por realizar para la ejecución del proyecto.

Capítulo 4: integra el Desarrollo de la Contribución, que detalla el proceso y sus respectivas fases de ideación, diseño, prototipado y evaluación a realizar para el desarrollo del producto digital que es un rediseño de un sitio web corporativo. Dichos procesos tienen su fundamentación teórico-práctico en el capítulo dos.

Capítulo 5: las Conclusiones y Líneas Futuras de Trabajo son los resultados extraídos de la investigación y proceso de diseño, para explorar nuevas oportunidades y futuros temas de trabajo.

Capítulo II

Estado del Arte

2.1. Introducción y Contexto

«El rediseño web es el proceso de renovar y mejorar la apariencia, funcionalidad y estructura de un sitio web existente, en base a los comportamientos actuales de los usuarios o tendencias que se tengan en el sector donde se encuentra inmerso.

Diana Aguledo

Comunicadora Social y Periodista de la UPB.

El rediseño web de un producto digital sea un sitio, una app, una intranet o cualquier otro, responde a necesidades y objetivos que no quedaron satisfechos, o metas que no se completaron durante el tiempo que estuvo en producción el producto digital, entonces es cuando revisando la gravedad de los problemas se llega a considerar si es necesario o no un rediseño web para solucionar y mejorar los problemas existentes. Pues la finalidad de un rediseño web no es solo modernizar la imagen de la marca o su presencia en línea, caso contrario con cada nueva tendencia que surge, todas las empresas rediseñarían sus sitios web de forma anual o mensual, que sería algo por completo innecesario y un derroche de dinero. Un rediseño web al igual que un rebranding de marca, responde a necesidades que satisfacer y problemas que resolver, que con el actual producto no se está logrando. Entonces, el rediseño web es para mejorar la experiencia del usuario, aumentar la eficacia del sitio web, generar leads o prospectos de venta que genere conversión.

En los siguientes capítulos tratan sobre los fundamentos teóricos necesarios de conocer para poder planificar y hacer una estrategia de rediseño web eficaz, repasando aspectos de usabilidad y experiencia de usuario, pero también apartados de uso y optimización web, pues como dijo Jakob Nielsen, ¿De qué sirve tener la mejor y hermosa interfaz, si al final los usuarios no comprenden cómo usarla o no es lo que necesitan? Se marcharán y probablemente no volverán. Además, que se revisarán casos de rediseño web y los resultados que obtuvieron, junto con comparativas de distintos sitios web de los cuales se puede obtener referencias, ideas y funcionalidades que se pueden incluir para un rediseño web.

2.2. Marco Teórico

2.2.1. Elementos de la Experiencia de Usuario

También denominado las cinco dimensiones del diseño o planos de diseño UX, fue propuesta por Jesse James Garret en su libro *The Elements of User Experience: User-Centered Design for the Web*, en el cual el autor explica que en la experiencia no solo influye el funcionamiento interno de un producto o servicio, sino que también interviene el usuario, pues más allá que la experiencia sea subjetiva, existen factores objetivos que ayudan a que los diseñadores puedan brindar la mejor experiencia posible al usuario y es ¿Cómo es para el usuario usar un producto?, ¿Qué tan difícil es hacer cosas simples?, ¿Es fácil averiguar cómo funciona?, ¿Cómo se siente al interactuar con un producto?, aunque parezca que aplica solo a objetos tangibles, no lo es, también está relacionado con el tema web, debe estar presente desde la fase desarrollo la experiencia y para ello conocer qué quiere y qué necesita el usuario es imprescindible. Al igual que un producto tangible, en un sitio web el usuario estará de cara al producto, él solo y debe sentir que tiene el control, no hacerlo sentir tonto por no comprender cómo funciona, pues como dice el autor, Jesse James Garret:

> Independientemente del tipo de sitio, en prácticamente todos los casos, un sitio web es un producto de autoservicio. No hay un manual de instrucciones para leer de antemano, ningún seminario de capacitación al que asistir, ningún representante de servicio al cliente que ayude a guiar al usuario a través del sitio. Solo está el usuario frente al sitio, solo con solo su ingenio y experiencia personal para guiarle. (Garrett, 2002, pág. 10).

Una buena experiencia de usuario se traduce en un buen negocio, pues la probabilidad que el usuario regrese o incluso recomiende es más alta, así sea que el sitio web no sea una tienda en línea, sino un sitio informativo, y es que el sitio web también es un punto de contacto con el cliente. Así como en la realidad si una persona recibe un buen trato y servicio por parte de un negocio, éste se lleva una grata experiencia y la probabilidad que regrese o se vuelva cliente aumenta, lo mismo aplica a un sitio web: si el usuario tiene una agradable experiencia navegando en un sitio web, la probabilidad de abandono bajará, se llevará una buena impresión, si encuentra lo que busca se sentirá satisfecho y la probabilidad que regrese o se vuelva cliente, aumentará.

Jesse James Garret propone una serie de planos para facilitar las tareas de planificación estratégica en los proyectos de gestión de experiencia de usuario en productos digitales, en las cuales hay una dualidad que son: la web como interfaz de software orientado a tareas, y la web como hipertexto orientado a información. Estos planos son los siguientes:

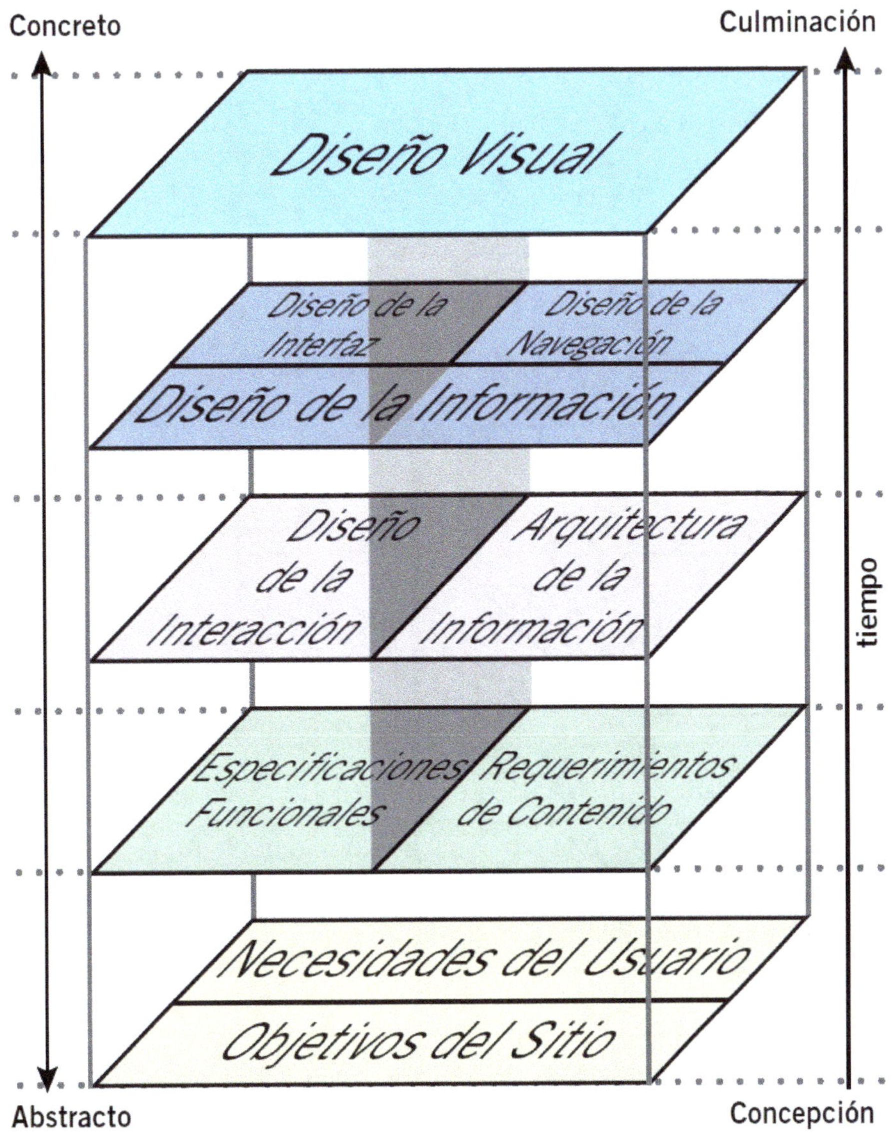

Ilustración 8, Elementos de la experiencia de usuario. Fuente: Los Elementos de la Experiencia de Usuario (2000).

Los planos deben leerse de abajo hacia arriba y el lado izquierdo concierne a la web como interfaz de software, mientras el lado derecho concierne a la web como hipertexto. Ambos son necesarios para la gestión de la experiencia de usuario. Además, se muestra el proceso que involucra dicha gestión: desde la idea, el tiempo que toma y el resultado final, que es el producto que usará el usuario.

Una forma simplificada de representar estos elementos o planos de la experiencia de usuario es la imagen 7 que se muestra a continuación, engloba los anteriores procesos dentro de grupos los cuales son:

1. **Estrategia:** ¿Por qué se está creando el producto?, ¿Qué problemas resuelve y qué necesidades satisface?, ¿Qué valor aporta?, ¿Quién lo necesita?

2. **Alcance:** ¿Cuál es el contexto?, ¿Qué enfoque tiene el producto?, ¿Cuáles son sus funcionalidades y contenidos?

3. **Estructura:** ¿Cómo navegará el usuario?, ¿Cómo se categorizará la información?

4. **Esqueleto:** ¿Cómo será el diseño de la información?, ¿Cuál será el diseño de la interfaz?, ¿Cómo será la arquitectura de la información?

5. **Superficie:** ¿Cuál es la línea gráfica o diseño visual?

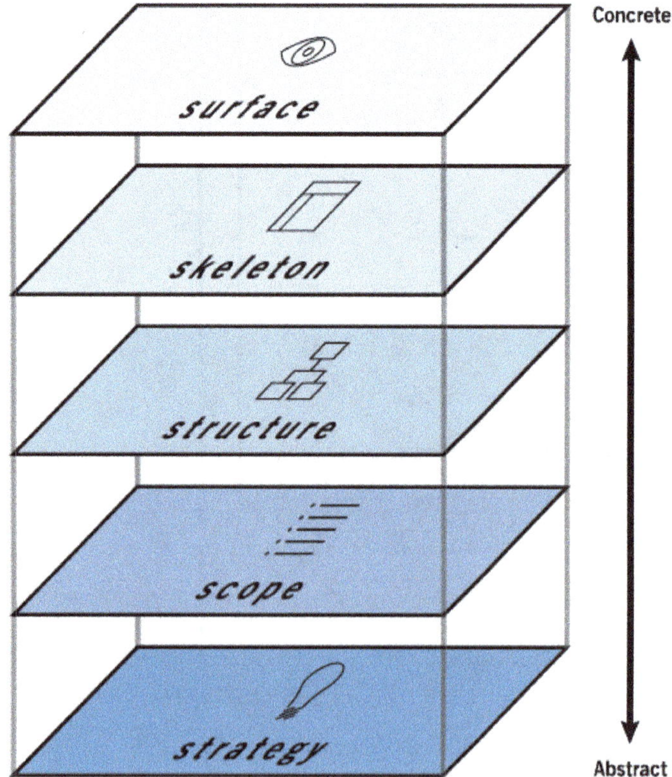

Ilustración 9, elementos de la experiencia de usuario de Garret simplificados. Fuente: Arquitectura de la Información: Garantiza una buena experiencia de usuario (2016).

2.2.2. Diseño Web Centrado en el Usuario

El diseño centrado en el usuario abreviado como DCU es una filosofía y metodología que involucra al usuario en todo el proceso de diseño, es un proceso iterativo que se basa en: investigar, diseñar y evaluar. El DCU se caracteriza por ser diseño participativo, ya que involucra al usuario en el proceso, también etnográfico por investigar al usuario en su contexto. Esto con la finalidad de identificar las necesidades del usuario para hacer un producto usable, que brinde una buena experiencia (**Universidad Internacional de La Rioja, 2023, págs. 4,5,6**). Esta filosofía y metodología se aplica y adapta a todas las áreas del diseño, pues el DCU se basa en cómo el ser humano interactúa con productos, sean tangibles o intangibles, por ello la Organización de Estandarización Internacional, abreviada en inglés como ISO, establece los *Principles of human-centered design* en el capítulo cinco de su informe: ISO 9241-210:2019(en), *Ergonomics of human-system interaction — Part 210: Human-centred design for interactive systems designen* (**INEN: Servicio Ecuatoriano de Normalización desarrollado por ISO, 2019**) los cuales son:

1. El diseño está basado en el entendimiento explícito de usuarios, actividades y entornos.
2. Los usuarios están involucrados a lo largo del proceso de diseño.
3. El diseño está dirigido y es ajustado por la evaluación centrada en el usuario.
4. El proceso es iterativo.
5. El diseño da respuesta a la experiencia completa del usuario.
6. El equipo de diseño incluye perfiles y perspectivas multidisciplinares.

Entonces en base a los principios de DCU se establecen las guías y parámetros para realizar un correcto diseño web centrado en el usuario, según Hassan y Martín, el proceso de diseño y desarrollo del sitio web es en base a las necesidades, objetivos y características del usuario o público objetivo del sitio web a realizar (**Hassan, Martín Fernández, & Ghzala, 2004, págs. 3,4**) y hay varias etapas para realizar un correcto proceso de DCU web, que integran etapas del *Design Thinking*, los cuales se muestran en la siguiente ilustración:

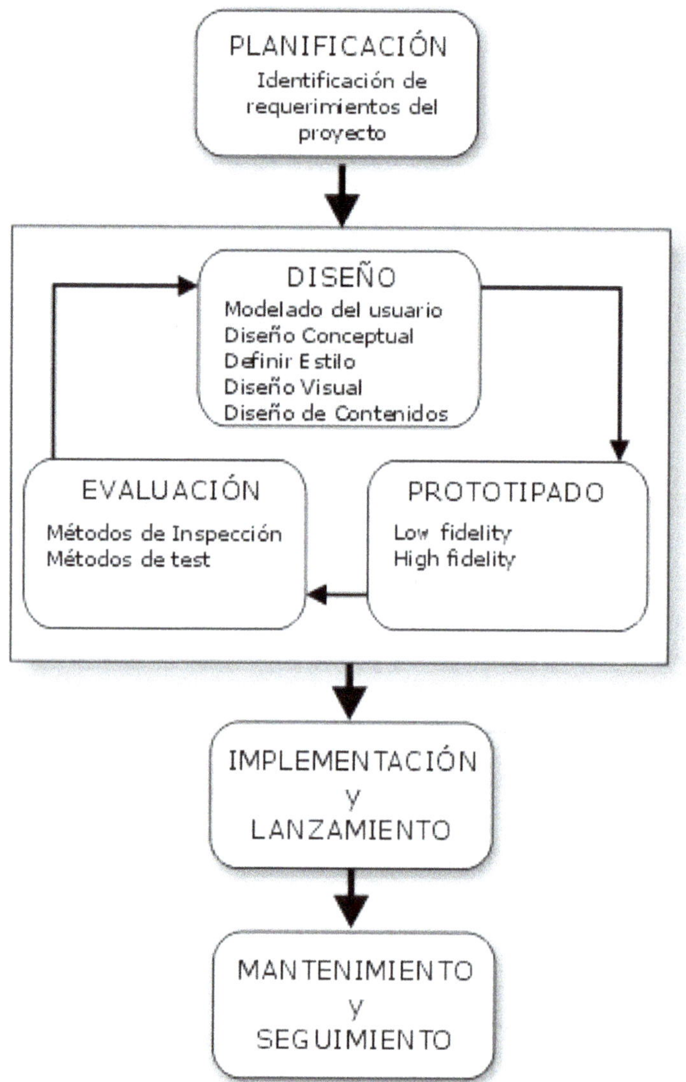

Ilustración 10, etapas del proceso de diseño web centrado en el usuario, Fuente: Diseño Web Centrado en el Usuario: Usabilidad y Arquitectura de la Información (2004).

Las fases del DCU web se explican a continuación en base a la definición de los autores **(Hassan, Martín Fernández, & Ghzala, 2004, págs. 4-14):**

---

1. **Planificación:** identificación de los objetivos del negocio para el sitio web, y las necesidades, requerimientos y objetivos del usuario o público objetivo.

---

2. **Diseño:** proceso de toma de decisiones en base a la investigación previa de la planificación. Y en las iteraciones, solucionar los problemas de usabilidad hallados en las fases de prototipado y evaluación.

Modelado del usuario: definición del arquetipo de usuario del sitio web, basado en la investigación de la planificación. Se sintetiza la información para la creación de «personas».

Diseño conceptual: definición del esquema de organización, funcionamiento y navegación del sitio web.

Diseño visual y definición de estilo: especificación de la línea gráfica o aspecto del sitio web, composición de cada tipo de página, aspecto y comportamiento de los elementos de interacción y presentación de elementos multimedia.

Diseño de contenidos: definición de la arquitectura de la información, el tipo contenidos de texto y multimedia (hipermedia) que habrá.

---

3. **Prototipado:** es la elaboración de modelos o prototipos de la interfaz del sitio, de distinta fidelidad su propósito es evaluar la usabilidad del sitio sin tener que esperar su lanzamiento en la web.

---

4. **Evaluación:** es la parte más importante, sirve para comprobar la usabilidad del sitio web y en caso de fallas, se corrige y se vuelve a probar (proceso iterativo), existen dos tipos de evaluación:

   Método por inspección: evaluación heurística: realizados expertos en usabilidad recorren y analizan el sitio buscando errores y problemas de diseño.

   Método de test con usuarios: realizados por usuarios reales, a quienes se observa y analiza cómo interactúan con el sitio web, para anotar los problemas de uso observados.

---

5. **Implementación y lanzamiento:** puesta en marcha del sitio web en la web, se deben tener consideraciones técnicas para la buena compatibilidad y estabilidad del sitio.

---

6. **Mantenimiento y seguridad:** el sitio web debe ser supervisado y continuar actualizando de forma constante. Algunos problemas de usabilidad no detectados durante el proceso de desarrollo pueden descubrirse a través de:

   Opiniones de los usuarios: indican posibles problemas de usabilidad, pero no son en sí mismas la respuesta a estos problemas

   Comportamiento del usuario y uso del sitio: a través del análisis de los ficheros logs se puede tomar decisiones sobre el rediseño en sitios web implementados.

2.2.3. Funcionalidad, Usabilidad y Utilidad

La Usabilidad no es un aspecto aislado de los temas antes vistos, sino que es un tema esencial que no se puede obviar, pues para brindar una buena experiencia de usuario es necesario cumplir con tres objetivos, ya que «para que los productos sean funcionales, deben tener utilidad y facilidad de uso, pues la calidad de UX por sí sola no es suficiente» (**Nielsen Norman Group, 2017**) y estos tres objetivos son: **Funcionalidad = utilidad + usabilidad.**

- **Utilidad:** ¿Qué es lo que hace el producto?, ¿Qué necesidades resuelve?, ¿Es algo que la gente quiere hacer?
- **Usabilidad:** ¿las personas pueden aprender de la interfaz?, ¿Pueden entenderla?, ¿Pueden operarla de forma eficiente?

Entonces si la usabilidad es importante dentro de la experiencia de usuario, ¿Qué es usabilidad?, en palabras sencillas de Óscar Santos, diseñador UX y de Producto, define que: «la usabilidad es la medida en que un producto puede ser usado por usuarios específicos, para conseguir objetivos específicos con efectividad, eficiencia y satisfacción en un contexto especificado» (**Ó. Santos, s. f., sc. 6 Curso de Domestika**). En añadidura, Nielsen Norman Group establece que: «la usabilidad es un atributo de calidad que evalúa la facilidad de uso de las interfaces de usuario (...) también se refiere a métodos para mejorar la facilidad de uso durante el proceso de diseño» (**Nielsen Norman Group, 2012**). Y que la usabilidad no es un concepto abstracto, pues como señala el sitio web de Nielsen Norman Group en su entrada *Usability 101: Introduction to Usability*, existen cinco componentes de usabilidad que determinan el grado de calidad:

- **Enseñable**
  ¿Qué tan fácil es para los usuarios realizar tareas básicas la primera vez que se encuentran con el diseño?
- **Eficiente**
  una vez que los usuarios han aprendido el diseño
  ¿con qué rapidez pueden realizar las tareas?

- **Memorable**
  cuando los usuarios vuelven al diseño después de un período de no usarlo, ¿con qué facilidad pueden restablecer la competencia?

- **Errores**
  ¿Cuántos errores cometen los usuarios?,
  ¿Qué tan graves son estos errores y con qué facilidad pueden recuperarse de los errores?

- **Satisfactorio**
  ¿Qué tan agradable es usar el diseño?

Una vez que se conocen todos los factores y componentes que intervienen para hacer que un producto tenga buena usabilidad, se debe considerar los métodos de usabilidad disponibles para aplicarla. En un estudio del año 2012 sobre *Best Application Designs* por Nielsen Norman Group, donde se premiaron a las mejores interfaces de usuario de aplicaciones del año 2012, entre los parámetros que se consideraron para seleccionar tales aplicaciones, estuvieron los métodos de usabilidad, los cuales fueron:

- **El diseño iterativo y los test con usuarios:** se utilizaba de forma frecuente para aminorar la complejidad, especialmente con las primeras ideas de diseño, las cuales pese a parecer muy buenas, resultaron ser muy difíciles. Mientras que la otra tendencia, el test con usuarios a lo largo de las iteraciones demostró que los usuarios no leen mucho, luego de reducir la documentación y el texto de ayuda.

- **Los test de usabilidad:** fue utilizada por el 85% de los proyectos ganadores, ya que con un puñado de usuarios a menudo se puede mejorar sustancialmente el éxito del producto.

- **Estudios de campo:** también llamada investigación etnográfica, en donde los diseñadores observaron los comportamientos de los usuarios dentro de su propio entorno. Aunque este tipo de investigación debería ser imperativo realizar, no lo es y solo un tercio de los ganadores aplicaron estudios de campo.

- **Asistir a las llamadas de soporte:** suele pasarse por alto, pero el hecho de conocer los motivos por los cuales llaman los clientes con problemas ayuda a descubrir los puntos débiles, pero la descripción del problema que atraviesa el cliente, no implica que sea la causa raíz, hay que investigar más allá.

2.2.4. Uso de la Web por parte del Usuario

Después de conocer todos los fundamentos teóricos que deben estar omnipresentes en todo proceso de diseño para realizar un proyecto web, también es importante saber cómo los usuarios usan los sitios web, no se refiere a si un producto es usable, sino, cómo los diseñadores piensan que las personas usan los sitios web versus cómo realmente los usuarios los usan. Como explica Steve Krug en su libro *Don't Make Me Think*, usualmente los diseñadores y stakeholders piensan que su usuario usará el sitio web, como ellos lo están elaborando: leyendo cuidadosamente cada página y los contenidos que están creando, valorando cada una de las opciones para decidir en cuál enlace hacer clic. También suponen que, porque ellos navegan en la web de tal manera, sus usuarios igual, entonces terminan trabajando sobre suposiciones y no sobre hechos. Cuando el verdadero comportamiento del usuario usando sitios web es: escanear, satisfacer y abandonar (Krug, 2014, p. 38) tal y como se ilustra en la siguiente imagen:

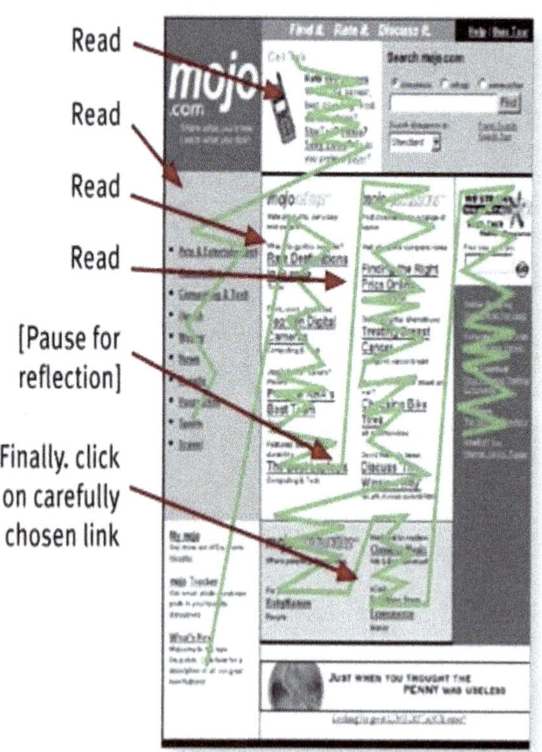

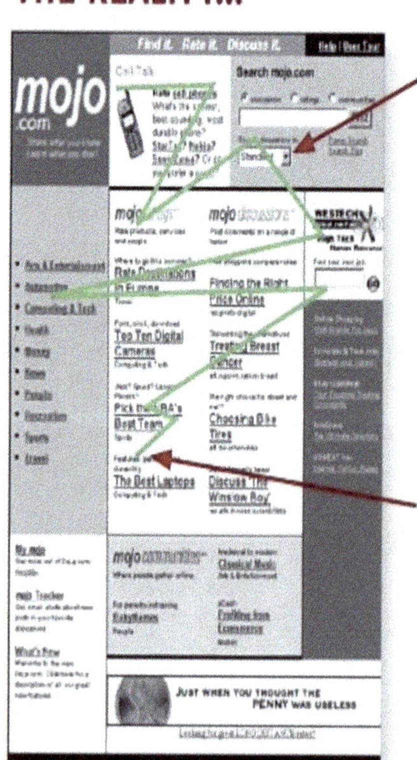

Ilustración 11, comparativa del uso de los sitios web: para lo que se diseña versus la realidad. Fuente: Don't make me think de Steve Krug (2014).

Pues la realidad del usuario usando sitios web es similar a ver una valla publicitaria en la carretera a más de 100 km/hora, se capta la atención del usuario en pocos segundos o éste lo ignora, pues los usuarios:

> Lo que realmente hacen la mayor parte del tiempo (si tenemos suerte) es echar un vistazo a cada página nueva, escanear parte del texto y hacer clic en el primer enlace que capte su interés o se parezca vagamente a lo que están buscando. Casi siempre hay grandes partes de la página que ni siquiera miran. (Krug, 2014, pág. 40).

Aunque por supuesto depende del tipo de sitio web y lo que los usuarios tratan de hacer, pues en el caso de un sitio web de noticias, informes, descripciones de productos, blogs y afines, los usuarios sí se dedican a leer, pero alternan el escaneo con la lectura, pues solo leerán aquello que llamó su atención durante el escaneo de información. Entonces ante tal realidad ¿Cómo diseñar sitios web efectivos? Steve Krug propone tres «hechos de vida» (Krug, 2014, págs. 41-45) los cuales son:

- **HECHO DE VIDA #1:** No leemos páginas. Las escaneamos: los usuarios no suelen dedicar mucho tiempo a leer las páginas web. Si no que las escanean o leen superficialmente, en busca de palabras o frases que capten la atención.
- **HECHO DE VIDA #2:** No tomamos decisiones óptimas. Satisfacemos: los usuarios no eligen la mejor opción tras valorar todas las opciones, sino que escogen la primera mejor opción que ven, eso es satisfacción. Cuando un usuario halla un enlace que parece conducirle a lo que busca, la probabilidad que le dé clic es alta.
- **HECHO DE VIDA #3:** No averiguamos cómo funcionan las cosas. Salimos al paso: muchas veces las personas suelen usar las cosas de forma equivocada sin siquiera saberlo, aunque hubiera un manual de instrucciones son muy pocos quienes deciden leerlo, en su lugar, las personas se ingenian el funcionamiento e improvisan.

WHAT DESIGNERS BUILD... WHAT USERS SEE...

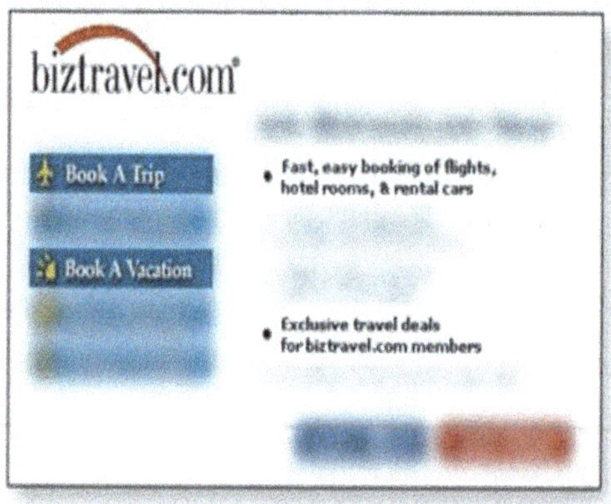

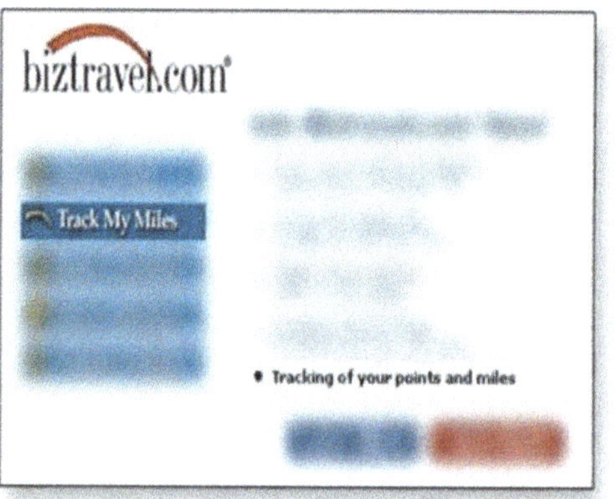

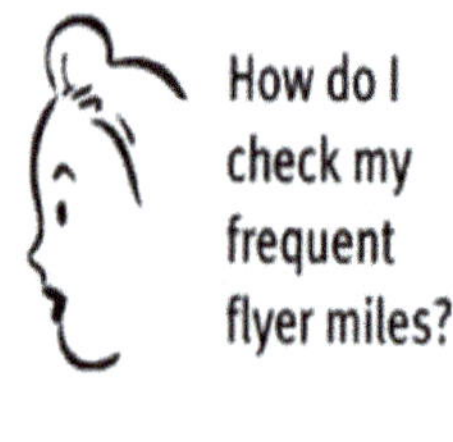

Ilustración 12, lo que los diseñadores construyen versus lo que los usuarios miran. Fuente: Don't make me think de Steve Krug (2014).

2.2.5. Arquetipos de Usuarios Web

Todo proyecto web debe tener presente el diseño centrado en el usuario, pero ¿Se conocen quiénes son los usuarios a quienes se destina el producto que se está diseñando? Esto no es una disciplina exclusiva del diseño UX y diseño web, también está presente en otras áreas como la publicidad y marketing que destinan recursos para realizar investigaciones de mercado, así definir quiénes son el público objetivo a quienes deben dirigir sus estrategias de mercadeo. De igual manera sucede en el diseño UX, la diferencia es que no se realizan investigaciones de mercado, sino, investigaciones de usuario conocidas en inglés como user research, las cuales parten de preguntas de investigación para identificar características observadas en las actividades de investigación de los usuarios, las cuales se agrupan para formar atributos claros que darán paso a la creación de las fichas de persona o arquetipos de usuarios, pero se conocen más por su denominación anglo española: user persona.

El objetivo de crear user personas o arquetipos de usuarios, es para poder validar decisiones de diseño de forma temprana, tomando como referencia constante al usuario y así asegurar un enfoque de diseño centrado en el usuario. Se considera validación temprana porque el proyecto está en fases precoces como generación de ideas, propuesta de estrategias e identificación de requisitos, allí el user persona permite responder a preguntas de investigación como: ¿Los servicios que ofrece el producto están alineados a los objetivos de los usuarios?, ¿El producto satisface las necesidades que tienen los usuarios?, ¿Se consigue superar las expectativas del usuario? Y demás preguntas según el caso.

Kim Salazar, Senior User Experience Specialist, compara el proceso de crear personas (user personas) con ordenar rocas, así como se clasifican las piedras por color, suavidad, textura y porosidad, también se agrupan a las personas por atributos, los cuales serían sus necesidades, objetivos, comportamientos y otros. Aunque a diferencia de las piedras, los atributos no se pueden ver, estos deben establecerse en base a las preguntas de investigación, basta con investigar de 8 a 12 clientes **(Kim Salazar, Nielsen Norman Group, 2018, art. Creating Personas Is Like Sorting Rocks).**

Entonces las fichas de user persona deben contener información que sirva al equipo de diseño para definir estrategias que garanticen que el producto a diseñar, además de ser usable, brinda una buena experiencia y satisface las necesidades del usuario destinatario, lo cual conlleva a la aceptación y acogida del producto digital. Por ello Aurora Harley, Senior User Experience Specialist, describe que la información primordial que debe contener una ficha de user persona es:

- Nombre, edad, sexo y una foto.
- Línea de etiqueta que describe lo que hacen en la "vida real"; evite ser demasiado ingenioso, ya que hacerlo puede contaminar la persona como demasiado divertida y no una herramienta útil.
- Nivel de experiencia en el área de su producto o servicio.
- Contexto de cómo interactuarían con su producto: ¿Por elección o requerido por su trabajo?, ¿Con qué frecuencia lo usarían?, ¿Usan normalmente una computadora de escritorio para acceder a él, o su teléfono u otro dispositivo?
- Objetivos y preocupaciones cuando realizan tareas relevantes: velocidad, precisión, minuciosidad o cualquier otra necesidad que pueda influir en su uso.
- Citas para resumir la actitud de la persona.

Dicha información de forma estructural se puede agrupar de la siguiente manera:

Información relevante:

- Necesidades y Objetivos
- Motivaciones y actitudes
- Comportamientos
- Frustraciones
- Tareas

Información para empatizar con el usuario:

- Nombre, apodo y fotografía del usuario (ficticio)
- Datos demográficos
- Descripción sobre quién es el usuario
- Una frase o cita del usuario que defina lo que quiere

Un ejemplo de cómo se ilustra y estructura una ficha de persona es la siguiente imagen:

Company "Investigator"
Rosa Cho
Content Strategist, Freelance

Age: 34
Location: Seattle, WA

"I'm looking to join the right company that challenges me and allows me to grow and develop my skills."

About Rosa

Rosa does not believe in settling. She won't settle for a job with a company that isn't as innovative and cutting edge as she believes she deserves. She wants to get the most out of every professional experience, and before moving to a new position, Rosa investigates every angle of aligning herself with a company.

Behavioral Considerations

+ Expects the site experience to reflect the business's culture and values
+ Interested in career opportunities within the organization that fit her career goals
+ Thoroughly compares multiple companies with similar opportunities
+ Is interested in the unique benefits of working at a company, including cultural elements, mentoring programs, and continuing education policies
+ Needs to be confident the company has innovative products that will be interesting to work on
+ Needs to know company has reputable partners and customers

"I crave variety in the types of industries and goals of each content project I work on. I need to ensure I won't get bored."

Frustrations

+ Thinks that too many companies have career sections that just talk about open positions but not why she would actually want to work there
+ Would like to challenge herself and have a more stable job, but is comfortable as a freelancer and wouldn't stop for just any job

Goals

+ Needs to see reasons why a company is interesting: has it won awards, had intense growth, won big contracts?
+ Wants to figure out how to get in touch with someone at the company to explore opportunities further

Tasks

+ Learn about current customers and success stories
+ Read press releases about recent big contract wins and other accolades
+ Read about culture, benefits and perks, and the people that work there
+ View job openings and apply

Ilustración 13, ficha de user persona. Fuente: video por Kim Salazar de Creating Personas Is Like Sorting Rocks (Nielsen Norman Group, 2018, sc. 3:29).

En añadidura como dato igual de importante, es la confusión entre user persona de UX con Buyer Persona o Personal Buyer del Marketing Digital, aunque guardan características similares como proporcionar un conocimiento específico sobre el público objetivo, hay aspectos que los diferencian como menciona Aurora Harley, Senior User Experience Specialist:

> Hacer segmentos de mercado no es lo mismo que crear personas, pues los segmentos son categorías amplias de usuarios con rangos de datos demasiado impersonales y difíciles de tener en cuenta al diseñar, mientras una persona es un usuario singular derivado de estos rangos de datos para resaltar detalles específicos y características importantes del grupo. Por lo tanto, crea una narrativa que es mucho más digerible y memorable. **(Aurora Harley, Nielsen Norman Group, 2015, art. Personas Make Users Memorable for Product Team Members).**

Otro aporte a la diferencia entre segmentar el mercado y crear usuarios, es la definición de personal buyer de Renato Barros Bravo, publicista, periodista y docente de la Universidad UTE, quien explica que el objetivo de la publicidad tradicional es informar, recordar, persuadir y posicionar, mientras que los objetivos de la publicidad digital es generar enagagement, branding y conversión, sin importar el tipo de publicidad es necesario llegar a un público objetivo para conseguir leads (clientes potenciales o prospectos de ventas), para ello se segmenta el mercado en base a estudios de mercadeo, y se crean los Personal Buyer para ayudar a mercadólogos, publicistas y diseñadores gráficos a comprender: ¿A quién dirigir el mensaje?, ¿Cuál es el mensaje a definir?, ¿Cómo hacer llegar el mensaje?, ¿Por cuáles canales enviar el mensaje? **(Barros Bravo, 2019)**. Es por eso que los personal buyer son más extensos que una ficha de persona, abarcando incluso varias páginas porque integran más datos para englobar un grupo de usuarios. Mientras que «una persona es una descripción ficticia, pero realista, de un usuario típico (...) es un arquetipo en lugar de un humano vivo real, pero las personas deben describirse como si fueran personas reales» **(Aurora Harley, Nielsen Norman Group, 2015, art. Personas Make Users Memorable for Product Team Members).**

Entonces, las diferencias entre usuarios de diseño UX y compradores de marketing digital, se explican en la siguiente tabla:

Tabla 1

Diferencias entre User Persona de Ux y Buyer Persona de Marketing

User Persona	Buyer Persona
Los datos demográficos no son relevantes, una persona citadina como campesina pueden usar el producto por igual el producto. Pero igual se anotan y añade una breve descripción para empatizar con el usuario.	Contiene variables geográficas y demográficas, como edad, sexo y género, ubicación e ingresos. Así segmenta públicos de forma muy detallada.
Muestran los objetivos y necesidades de los usuarios que pretenden satisfacer usando un producto.	Tiene datos del ciclo y estilo de vida, como si son graduados, trabajadores independientes o no, dónde suelen realizar sus compras, pasatiempos, si son veganos, vegetarianos, etc.
Muestra las motivaciones que impulsan a los usuarios a usar un producto y las frustraciones que experimentan durante el uso del mismo.	Mencionan las marcas de preferencia o con las que interactúa el target, las redes sociales, puntos de contacto que frecuentan y horarios.
Muestra los comportamientos variables que puede tener el usuario al usar el producto, los distintos escenarios de uso que se pueden presentar. Pues no es lo mismo usar el celular en casa que en el trabajo.	Pueden o no representar el horario del target, horarios de comidas, trabajo y redes sociales. Para identificar los mejores horarios con que puedan conectar con el target.
Muestra las tareas que el usuario tiene que realizar al usar un producto para conseguir sus objetivos, junto con las expectativas que tiene cuando consiga dicho fin.	Suele mencionar los intereses y contenidos de consumo del target, también comportamientos de consumo.

2.2.6. Optimización Web

Otro elemento importante que interviene en el desarrollo web de un sitio o cualquier producto digital, es la parte técnica, pues como dijo Jakob Nielsen, aunque se tenga la mejor interfaz, si el sitio no presenta las características que el usuario busca, éste se va y la probabilidad que regrese es muy baja **(Nielsen Norman Group, 2017)**. Una de esas características es la parte técnica, aunque parezca sorprendente muchos desarrolladores y diseñadores lo pasan por alto, al subir imágenes demasiado pesadas, no usar iframes para incrustar contenido pesado, no colocar texto alternativo a las imágenes importantes, entre otras. Pues ¿De qué sirve una interfaz intuitiva y usable si al hacer clic sobre un botón se demora demasiado en descargar el contenido? eso también influye gran parte en la experiencia del usuario.

Entonces como indica Diego Santos, en la entrada del Blog de HubSpot: Optimización web: qué es, cómo hacerla y qué herramientas necesitas, define la optimización web como el conjunto de técnicas que ayuda a que los motores de búsqueda consideren de forma prioritaria un sitio, adaptando el contenido del mismo para atraer y generar visitas **(D. Santos, 2023)**. Además, que se los motores de búsqueda como Google dan prioridad a los contenidos originales, pues los que repiten contenido los deja en las últimas filas de resultados, también que prioriza los sitios con una buena adaptación móvil y penaliza aquellos que tengan Adobe Flash, ya que éste quedó obsoleto con la llegada de HTML5 y Java Script.

Según Fernando Escudero, socio fundador de Imagen Social: «un sitio web no es solo un agrupamiento de textos, menús y fotos. Debe contar una historia y dirigir al visitante hacia donde queremos» **(TecnoHotel, 2016, pág. 26)** y también debe integrar aspectos esenciales como:

- **Mobile First:** los sitios web primero deben diseñarse para celulares y luego para computadora, si la experiencia en móvil es buena, en computadora será mejor. Esto es porque más del 80% de las búsquedas web se realiza desde esos dispositivos.
- **Ligereza:** los sitios web deben poder descargarse de forma rápida, las estadísticas indican que el 95% de los usuarios abandonan los sitios tardan más de 10 segundos. Usualmente eso sucede cuando se sube contenido multimedia muy pesado.
- **Diseño Modular:** se diseñan módulos y secciones que se agrupan en páginas web, aquello permite flexibilidad y eficiencia.
- **Distinción:** la competencia en aparecer entre los primeros resultados de búsqueda es brutal, y tener contenido original es de gran ayuda, además que permite atraer y retener al usuario.

- **Seguridad:** las estadísticas muestran que los usuarios permanecen en sitios que tengan certificados SSL por la seguridad, e incluir tecnologías de seguridad para resguardo.
- **Posicionamiento:** el SEO y el marketing digital son fundamentales para que el sitio web sea conocido por los usuarios, entre más visitas, mayor tráfico web y mejora en el posicionamiento de búsquedas.

Además, existen algunos aspectos que han aplicado sitios web exitosos que ahora son una referencia en el mercado, no es una obligación cumplir con dichos estándares, pero es de gran ayuda conocer qué funciona y qué no.

- **Áreas que requieren registro:** para sitios web como blogs y otros, cuya finalidad es captar suscriptores o leads, los usuarios no registrados deben tener prioridad. Y para incentivar a que se registren, hacer que ciertos servicios requieran acceso previo.
- **Navegación relacionada:** los enlaces o vínculos a otros contenidos relacionados aumentan el número de páginas vistas por visita.
- **Alta velocidad de descarga:** no solo es el peso de las páginas que integran el sitio, sino también la optimización de los servidores y bases de datos.
- **Incompatibilidad entre navegadores:** todo sitio web debe verse bien sin importar el navegador o sistema operativo que lo muestre, aunque puede haber el caso que el navegador no esté actualizado.
- **Realizar seguimiento web:** los ficheros log, programas como Google Analytics o plugins de WordPress como Metricool, permiten obtener información sobre cómo los usuarios interactúan con el sitio web.

2.3. Antecedentes investigativos internacionales

En el contexto global, el rediseño web es tan importante como el rebranding, pues implica planificación, tiempo y dinero, es una medida que se realiza cuando es necesario y hay razones de gran peso que lo demandan, como que no se genera conversión de los usuarios a posibles clientes (leads), no es adaptable el sitio, entre otras razones. Pues mantener un sitio web para que una empresa tenga presencia en línea, es con la finalidad de conseguir resultados que ayuden a cumplir los objetivos del negocio, pero si estos no se logran entonces se considera necesario realizar un rediseño web.

Existen varios casos de estudio y éxito de empresas de distinta índole y tamaño, que luego de lanzar su nuevo sitio web no solo lograron alcanzar los objetivos esperados, también recuperaron su inversión en un corto plazo de tiempo y mejoraron las estadísticas de sus KPI. A continuación, se muestra un caso de estudio de una empresa alemana que tras varias décadas decidieron rediseñar su intranet.

Tabla 2

Case Study: Omnichannel Internal Communication. (Workai, 2021).

Título	Case Study: Omnichannel Internal Communication
Autor	Workai
Fecha	2021
Palabras Claves	comunicación interna, intranet omnicanal, contenido interactivo.

El Grupo Deutsche Vermögensberatung AG. cuyo acrónimo es DVAG, es la consultora financiera más grande de Alemania, con más de 45 años en el mercado y por su larga trayectoria tiene más de ocho millones de clientes y más de dieciocho mil empleados. Además, que recibe más 500 000 consultas al mes.

DVAG tenía una plataforma o intranet interna para sus empleados y consultores, sin embargo, con los años comenzaron a tener problemas con su intranet en varios aspectos importantes que afectaban al rendimiento de sus empleados y consultores de ventas, pues no podían acceder al material necesario para sus trabajos, entre otros problemas. Entonces DVAG decide contratar a Workai, que es: «una plataforma de comunicación unificada que ayuda a realizar comunicaciones internas personalizadas, mejorar el compromiso de los empleados y medir las interacciones, sin necesidad de conocimientos de TI» **(Workai, 2020)**.

Resumen

Tras conocer las necesidades y objetivos de DVAG tanto por palabras de Eric Schmid, director y Team Manager del nuevo proyecto de intranet en DVAG, como de investigaciones internas, Workai encontró una serie de retos como: la arquitectura de información y contenido, crear múltiples canales de retroalimentación y comunicación, contenido personalizado, entre otros. Lo cual resultó en primero lanzar un primer portal de intranet pequeño, luego de validar su funcionamiento, procedieron a migrar varios sistemas fragmentados a una plataforma de experiencia del empleado, dando como resultado una intranet rápido y ágil.

Para el lanzamiento de la intranet DVAG realizó un evento al cual asistieron más de 6000 personas, para presentación de la Intranet, cómo sería a partir de ese momento el trabajo diario de los empleados, y los participantes recibieron por mensaje de texto el enlace a la nueva plataforma.

La nueva intranet de DVAG trajo consigo mejoras en la revolución de la comunicación comercial con la publicación de contenido personalizado, atractivo e interactivo, un buscador rápido e inteligente, análisis del lugar de trabajo en tiempo real, atraer a las personas con videos y podcasts, apoyo al proceso de ventas omnicanal, creando una plataforma de experiencia para el empleado.

DVAG utilizó una intranet que con los años su tecnología se volvió obsoleta, entonces un mayor desarrollo resultaba costoso y largo. Utilizaba correos electrónicos y páginas web estáticas, la plataforma con los años se volvió complicada y poco intuitiva, donde solo los consultores más experimentados entendían cómo usar la plataforma y encontrar los materiales que necesitaban, mientras que para crear y actualizar contenido había que realizar un proceso largo y tedioso, en el cual era muy difícil incrustar vídeos y podcasts. En añadidura que, la arquitectura de información con los años creció y necesitaba una actualización. Los principales puntos débiles de la antigua intranet eran:

Problema

- UI y UX desactualizados
- Sin acceso móvil
- Ningún buen motor de búsqueda
- El complicado proceso de gestión de contenido
- Arquitectura de información creciente
- No hay manera fácil de incrustar medios de comunicación
- Falta de análisis
- Canales de comunicación limitada
- Sin opciones de personalización
- Limitaciones tecnológicas

Workai tuvo que realizar un proceso de investigación, diseño y prototipado en base a ocho objetivos específicos que la empresa describió para la nueva plataforma de intranet:

Metodología

- Proporcionar comunicación interna personalizada
- Proporcionar acceso instantáneo a información del producto, con la experiencia de búsqueda personalizada.
- Involucrar a los consultores con los líderes sénior y promover la cultura de la empresa.
- Proporcionar estadísticas detalladas sobre las interacciones y el

compromiso de los usuarios, resultados de las campañas internas, rendimiento del contenido, la búsqueda, los medios, los archivos, los mapas de calor y más, con una forma de informar los resultados a los miembros de la junta y con la máxima privacidad (sin compartir datos con proveedores públicos como como Google Analytics).

- Crear múltiples canales de comentarios para los usuarios.
- Proporcionar una plataforma para publicar y consumir videos y podcasts.
- Integrar varios sistemas y datos externos en un solo lugar.
- Proporcionar un CMS visual moderno, intuitivo y extenso para que los usuarios no técnicos creen y actualicen contenido fácilmente.

Para ello durante la investigación tecnológica Workai buscó una herramienta que cumpliera los criterios iniciales, y no solo la desarrolló, sino que superó las expectativas al aportar innovadoras características al proyecto como fueron:

- Implementación rápida de la incorporación y comienzo del lanzamiento.
- CMS visual y fácil de usar, que no necesite habilidades técnicas o de diseño gráfico para la gestión de contenido.
- Múltiples tipos de contenido y plantillas interactivas (Páginas, sitios, noticias, eventos, boletines, videos, podcasts, preguntas frecuentes y más).
- Personalización de contenidos en base a usuarios y grupos.
- Análisis avanzado en tiempo real con propiedades de los datos.
- Búsqueda inteligente y personalizada.
- Infraestructura TI escalable y segura en la nube.
- Actualizaciones periódicas de productos de Workai, según con la hoja de ruta y las necesidades de DVAG.

Resultados

La Implementación de la nueva Intranet, que es una plataforma interna para los consultores de Deutsche Vermögensberatung AG. (DVAG) ofrece una experiencia integral al empleado digital, revolucionó las consultas y comunicación de ventas. Esta historia de éxito se mide por los altos números de adopción, experiencia de usuario mejorada, alcance más amplio y mayor compromiso. Más del 90 % del personal utiliza la nueva plataforma y el compromiso se puede medir fácilmente a través de múltiples canales con análisis en tiempo real, cuyas cifras son:

- Más de 9 300 000 visitas a la intranet
- Más de 29 200 000 páginas vistas.
- Más de 1 400 000 búsquedas.
- Más de 4 900 000 archivos descargados.
- Más de 1 200 000 clics en accesos directos y aplicaciones.
- Más de 3 700 000 noticias vistas en la app móvil.
- Más de 4 700 000 notificaciones push enviadas.
- Más de 550 000 reproducciones multimedia.
- La Tasa de juego promedio es de 98%

La empresa también consiguió un retorno de la inversión, pues:

- Mayor alcance de la información, DVAG ahora puede llegar a más personas con menos esfuerzo y tiempo.
- Mayor compromiso, DVAG puede ver a más personas interactuando con el contenido, haciendo preguntas, enviando ideas y comentarios.
- Búsqueda mejorada, ahora está a solo un clic de distancia.
- Gobernanza mejorada, pues el análisis, los canales de comentarios y los permisos de usuario mejorados ayudan a DVAG a administrar la intranet de manera más conveniente.
- Disminución del número de solicitudes de soporte, no más llamar al soporte de TI para obtener ayuda en las tareas diarias.
- Disminución de los costos de mantenimiento y desarrollo.

Además, este rediseño le hizo merecedor de un reconocimiento en el informe de Intranet Design Annuals que realiza de forma anual Nielsen Norman Group (NN/g), líder mundial en la industria de investigación de usabilidad, en el cual expertos analizan en base a diseño, usabilidad y buenas prácticas, miles de intranets para escoger las 10 mejores intranets del mundo **(Nielsen Norman Group, 2021)**. DVAG estuvo en el informe de Intranet Design Annual: 2021 y las razones por las cuales ganó el premio de una de las 10 mejores intranets del mundo fueron:

- Fácil de usar y sin tecnología CMS
- Búsqueda personalizada
- Plataforma de análisis
- Comunicación en múltiples canales
- Vídeos y podcasts
- Opciones de comentarios o feedback
- Corto tiempo de valor
- Aplicación móvil de noticias
- Múltiples eventos en vivo alojados en la intranet
- Impresionante cantidad de trabajo de contenido para involucrar y apoyar a los consultores
- Enfoque de la experiencia del empleado

Ilustración 14, anterior intranet de DVAG. Fuente: Case Study: Omnichannel Internal de Workai (2021).

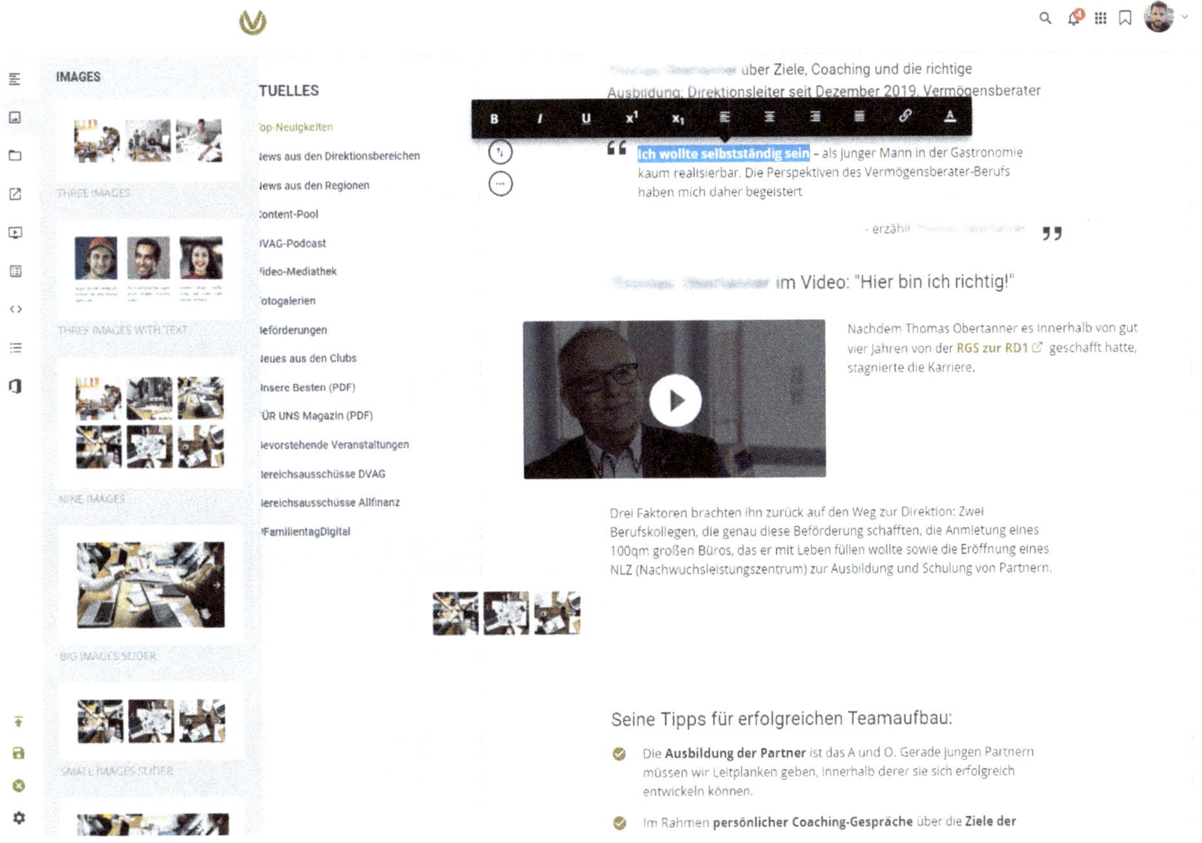

Ilustración 15, nuevo diseño de la intranet de DVAG por Workai. Fuente: Case Study: Omnichannel Internal de Workai (2021).

Ilustración 16, adaptación multidispositivo o responsive design de la nueva intranet de DVAG. Fuente: Case Study: Omnichannel Internal de Workai (2021).

2.4. Antecedentes investigativos nacionales

En la región de Suramérica, los países linderos a Ecuador que son Colombia y Perú realizaron casos de estudio y éxito de rediseño web, mismo que luego de unos meses subidos en la web cumplieron con los objetivos que se plantearon en su rediseño. Estos dos casos se muestran a continuación en las siguientes Fichas R.A.E (Resumen Analítico Especializado).

Tabla 3

Caso de éxito Auna. (Ferreyro, 2021).

Título	Caso de éxito Auna: el diseño web que alcanzó 35,765 visitas y un 2,2% de conversión en los primeros 6 meses.
Autor	Carlos Ferreyros
Fecha	2021
Palabras Claves	Caso de éxito, diseño web, productos digitales.
Resumen	Auna es una organización de servicios de salud para sus afiliados y pacientes, y promueven un estilo de vida saludable. Esta organización está presente en varios países de América Latina como México, Perú y Colombia, cuenta con más de 14000 colaboradores. Sin embargo, con la llegada de la pandemia del 2020, Auna se planteó atender a la necesidad de brindar información de calidad en sus canales digitales respecto a la situación actual ocasionada por el Covid-19, y para ello, decidieron confiar ese reto a la Agencia Impulse. Esta agencia propuso una solución: crear un sitio informativo llamado «vacunate.info» que tratara sobre temas relacionados al Covid-19 y vacunación, dicho sitio brindaría a los usuarios información verídica y sustentada en hechos científicos, para que los usuarios tengan una fuente confiable a la cual consultar. Entonces comenzó el proceso de producción y desarrollo del sitio web, donde el equipo de Impulse trabajó en conjunto con el staff de Auna para identificar los tópicos relevantes a comunicar. El siguiente paso fue presentar al cliente, Auna, cómo sería el esquema y flujo de navegación del usuario en base a los objetivos que se plantearon, para después desarrollar el wireframe del sitio vacunate.info. y luego desarrollar mockups en alta definición, para pasar a la etapa de revisión y valida-

ción entre el equipo de Impulse y el cliente, para finalmente pasar al prototipado.

Problema	Posicionamiento de sitios web que divulgan noticias falsas o fake news respecto a la pandemia, situación del COVID-19 y vacunación. A los usuarios les toma mucho tiempo de búsqueda hallar información verdadera, pero usualmente terminan encontrando contenido que no suele tener fundamentación en datos estadísticos o informes médicos.
Metodología	Diseño de una estrategia de inbound marketing para crear un sitio web informativo y usando la herramienta de HubSpot agilizaron tiempos de entrega y producción, obtuvieron la data necesaria para identificar oportunidades de mejora, agilizar el proceso del cambio y desarrollo web del template.
Resultados	La agencia Impulse creó para Auna un microsite de contenidos exitoso llamado vacunate.info, el cual en solo seis meses después de su publicación, obtuvieron 35,765 visitas y una tasa de rebote del 72,46% cuando el promedio óptimo del mercado para la tasa de rebote es entre el 70% y el 75%. Mientras la tasa de conversión de sesiones a suscriptores fue de 2.2%, esto crea una comunidad de lectores que promueven el consumo de información con base científica.

Tabla 4

Caso de éxitositio web CL Colombia. (2PuntoCero Agencia de Marketing Digital, 2020).

Título	Caso de éxito sitio web CL COLOMBIA
Autor	2PuntoCero Agencia De Marketing Digital
Fecha	2020
Palabras Claves	Casos De Éxito, Diseño Web, Marketing Digital
Resumen	La empresa CL COLOMBIA se dedica a ofrecer servicios de asesoría en seguridad social y pensión en el país de Colombia, que pese a haber realizado una gran inversión en lanzar su propio sitio web, no obtuvieron los resultados que esperaban. Es entonces cuando decidieron contactar a la agencia 2PUNTOCERO, para realizar un rediseño web y así alcanzar los objetivos con los cuales fue pensado el sitio: generación de tráfico web y conversión de los usuarios es potenciales clientes. Dentro de un proceso de identificación de problemas, la agencia 2PUNTOCERO realizó una auditoría del sitio web actual que tenía CL COLOMBIA para conocer los puntos fuertes y débiles del actual sitio, para luego hacer una investigación sobre la empresa e identificar cuáles son sus objetivos y necesidades, así establecer un diseño funcional. Entonces diseñaron una nueva arquitectura de la información, contenido dirigido al arquetipo de usuario y buyer persona de la empresa, con la guía de un copywriter. Para que el sitio pueda ser encontrado, necesitaba posicionarse y por ello optimizaron el SEO del sitio, además que indexaron a Google.

Problema	El sitio web de la empresa CL COLOMBIA no generaba tráfico web y por consiguiente, no había conversión de leads o posibles clientes. Porque no había contenidos que interesaran a los usuarios y tampoco había puntos de conversión como landing pages o formularios de contacto.
Metodología	Diseño centrado en el usuario aplicando estrategias de copywriter en los textos del sitio, creando los contenidos siguiendo el Customer Journey, ideado en base al análisis del público objetivo, para así lograr: conectar, atraer y convertir. Mientras en el apartado técnico usaron herramientas como Google Analytics para monitorear el rendimiento del sitio web, y con Google Search Console reportaron el sitio web a Google, entregando el mapa del sitio y el fichero Robots.txt con la finalidad que los motores de búsqueda puedan rastrear el sitio, y en consecuencia posicionar el mismo.
Resultados	El rediseño web del sitio CL COLOMBIA consiguió que después de un mes de la publicación del nuevo sitio web, incrementar las visitas y tiempo en la página, siendo 900 visitas y 2,32 minutos de actividad, lo cual es elevado considerando que el tiempo promedio oscila entre 30 segundos y 1 minuto. También incrementaron la tasa de conversión de usuarios que se contactaban a un 8,35%, generando posibles clientes o leads, los cuales se guardan en la base de datos de la empresa.

2.5. Conclusiones de antecedentes investigativos

El análisis que se realizó a los diferentes casos de estudio de rediseño web tanto en el plano nacional como internacional, demuestran que la necesidad de tener una sólida presencia en línea para las empresas en la actualidad y años venideros es un hecho muy importante e incluso hasta un factor clave, como lo indica Dai Williams, director y gerente de EMEA, SiteMinder, un sitio web es el escaparate que ven los clientes, es el primer contacto que ellos tienen con la empresa y ésta tiene unos pocos segundos para convencerlos que son la mejor opción para los usuarios o potenciales clientes, por eso diseñar un buen escaparate no es diferente de diseñar un sitio web, pues la finalidad es la misma: impactar y convencer (**TecnoHotel, 2016, págs. 28,29**).

Entonces siguiendo la misma analogía de Dai Williams que un sitio web es igual que un escaparate, si el escaparate no resulta atractivo para impactar, no convence a las personas de ingresar a la tienda a conocer más, ¿Qué decisión debe tomar la tienda? Pues rediseñar el escaparate, pues si éste no cumple con el objetivo de atraer visitas y generar leads al negocio, ¿Qué sentido tiene gastar recursos en el mismo, si no genera resultados? Eso es exactamente lo mismo que sucede con un sitio web, no se lanza por tendencia que «todos tienen un sitio web», se lanza porque hay un propósito y objetivos a cumplir, no es solo un complemento de las tiendas o locales comerciales, es también un canal de comunicación y punto de contacto con el público objetivo y clientes, por eso la presencia en línea de las empresas es tan importante, así que para asegurarse que un sitio web cumple con los objetivos establecidos se realiza un seguimiento al rendimiento web del mismo mediante métricas y estadísticas web que representan a los KPI.

Los KPI son objetivos fijados y las métricas web indican cuáles y cuándo los objetivos se cumplen, entonces cuando en un lapso prolongado de tiempo los KPI no se están cumpliendo, significa que algo no está funcionando o algo se está haciendo mal, entonces se debe investigar la causa raíz del problema para proponer una solución, pero si todo muestra que existen serios problemas de usabilidad, adaptación multidispositivo, arquitectura de la información, entre otros errores críticos, la posibilidad que sea necesario realizar un rediseño web del sitio aumenta, pero antes de hacerlo las empresas valoran la situación si realmente es necesario o hay otras vías de solución, porque un rediseño es un proceso largo que toma tiempo, planificación y dinero. Además, que según el tamaño puede aumentar el tiempo y costo, pues no es lo mismo rediseñar una intranet como el caso de DVAG, que rediseñar un sitio web como en el caso de CL COLOMBIA, entonces la cantidad de tiempo, recursos y expertos es variable, acorde a las necesidades y objetivos de la empresa.

2.6. Benchmarking

Un paso importante dentro de la investigación es realizar un benchmarking, para comprender la situación en que se encuentra la empresa respecto al sector del mercado, además que brinda ideas y funcionalidades para mejorar el servicio. Pero ¿Qué es benchmarking? Una definición clara es la de Roberto Espinosa, especialista en Marketing y Digital Business, director general de Espinosa Consultores, que describe en su blog:

> Es un proceso continuo por el cual se toma como referencia los productos, servicios o procesos de trabajo de las empresas líderes, para compararlos con los de tu propia empresa y posteriormente realizar mejoras e implementarlas. No se trata de copiar lo que está haciendo tu competencia, si no de aprender que están haciendo los líderes para implementarlo en tu empresa añadiéndole mejoras. **(Espinosa, s.f.)**.

Entonces se decidió realizar un benchmarking funcional, es decir, que no solo se consideran a empresas del mismo sector, sino que pueden ser empresas de distintos sectores del mercado, pues lo importante de esta práctica es recabar **información comparativa que permita descubrir e integrar nuevas ideas y funcionalidades**. Un ejemplo de la relevancia de este tipo de benchamrking es lo que pasó con Henry Ford:

> Al fabricante de coches, Henry Ford, se le ocurrió la idea de crear cadenas de montaje tras visitar un matadero en Chicago. Henry solía fijarse en otras industrias para recoger ideas, en el matadero, los trabajadores hacían el despiece en cadena. En 1913, Ford Introdujo la cadena de montaje en su propia fábrica, reduciendo el tiempo que se tardaba en fabricar un coche de 14 horas a 93 minutos. **(Huella UNIR, 2022)**.

Se investigaron empresas del mismo sector de mercado que Alfombras Publicitarias y también otras empresas de otros sectores no relacionados, recopilando las ideas y funcionalidades en un «Documento de Referencias» pues servirían estas comparaciones como referencias para el propio proyecto. Así que, este apartado se divide en dos:

2.6.1. Empresas del mismo sector

Kapazi: es una empresa brasileña dedicada a la fabricación, comercialización de alfombras personalizadas. De su sitio web se obtuvieron referencias para la presentación de productos, sedes, clientes e incluso la inserción de catálogos. A continuación, se muestran algunas capturas de pantalla del sitio web de Kapazi que sirvieron de referencia:

Kapazi: es una empresa brasileña dedicada a la fabricación, comercialización de alfombras personalizadas. De su sitio web se obtuvieron referencias para la presentación de productos, sedes, clientes e incluso la inserción de catálogos. A continuación, se muestran algunas capturas de pantalla del sitio web de Kapazi que sirvieron de referencia:

Nuestras marcas

personalizado

Crea alfombras exclusivas, a tu manera y con garantía de alta calidad y durabilidad. Son líneas y tamaños personalizados ideales para tu negocio, tu hogar o para regalar.

Decoración del hogar

Alfombras, toallas, manteles y cortinas que decoran aportando comodidad a tu hogar. Existen varios productos y líneas con beneficios para sus necesidades.

Pisos y pastos

Pavimentos y céspedes que aportan comodidad y practicidad a espacios interiores o exteriores. Varias líneas de pisos vinílicos, laminados, hule y pasto sintético.

Automotor

Alfombrillas a medida, resistentes y prácticas que garantizan un aspecto moderno y mantienen tu coche limpio durante mucho más tiempo.

náutico

Pisos, revestimientos, alfombras y accesorios para embarcaciones de alto estándar que son referencia en innovación, belleza y calidad en el mercado náutico.

Tiendas y sede de Kapazi

Fábrica Kapazi

Rua das Amoreiras, 270 | Jardim Marize, Almirante Tamandaré - PR | Código Postal: 83507-630 Teléfono: 4121060926

Centro de Distribución São Paulo

Rua da Mooca, 3682 - Mooca (SP) | CEP 03165-000 Teléfono: 1126920548

Centro de Distribución Feira de Santana

Calle José Tavares Carneiro, 2007 | Barrio de Baraúna (BA) | CEP: 44.020-275 Teléfono: 7530223432

Nuestros clientes

+ de
17
años
en el mercado
+ de
206
colaboradores
directo
+ de
8
países
asistió
+ de
822
lugares
de ventas

Catálogos

Kapazi tiene una amplia cartera de alfombras, tapetes, manteles, corredores, pisos y mucho más. Todo esto se puede ver en los catálogos disponibles aquí.

kapazi

Pesquisar

Bem vindo!
Entre ou cadastre-se

NAVEGUE POR AMBIENTE · PISOS E GRAMA SINTÉTICA · AUTOMOTIVO · ESQUENTA BLACK FRIDAY · TAPETE PERSONALIZADO · CRIE SEU TAPETE

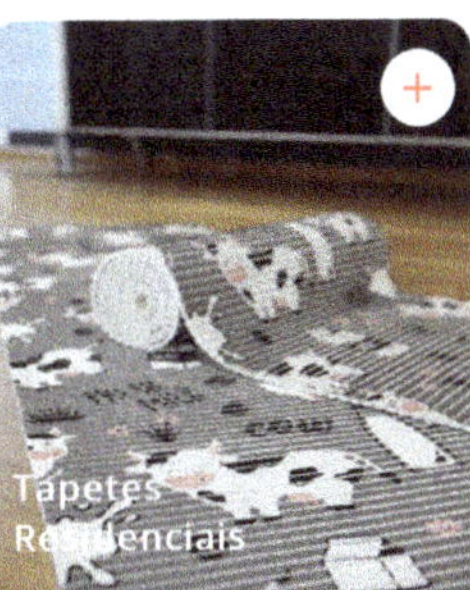

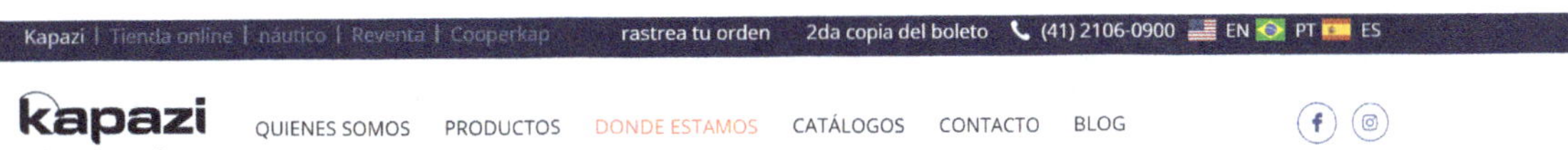

kapazi
A escolha que fica

QUIENES SOMOS · PRODUCTOS · DONDE ESTAMOS · CATÁLOGOS · CONTACTO · BLOG

Donde estamos

Además de revendedores autorizados en todas las regiones de Brasil, nos puede encontrar en tiendas oficiales, fábricas y centros de distribución:

Fábrica Kapazi

Rua das Amoreiras, 270 | Jardim Marize, Almirante Tamandaré - PR | Código Postal: 83507-630
Teléfono: 4121060926

ver en el mapa

Centro de Distribución Feira de Santana

Calle José Tavares Carneiro, 2007 | Barrio de Baraúna (BA) | CEP: 44.020-275
Teléfono: 7530223432

ver en el mapa

Alfombras Atahualpa: es una empresa quiteña que se dedica a la fabricación y comercialización de alfombras para oficinas, hogares, centros de eventos, también césped sintético. De este sitio web se sacaron referencias para la presentación de la cartera de clientes, tipo de contenido para el pie de página, para el formulario y opciones de pago:

Más Color: es una empresa colombiana de tapetes publicitarios. De este sitio web se obtuvieron referencias sobre el tipo de contenido para la página de Inicio, como es los motivos por los cuales escoger a Alfombras Publicitarias, un diagrama que muestre el proceso para encargar una alfombra. A continuación, se muestran capturas de pantalla del sitio:

¿ Por qué Más Color ?

Porque Somos Calidad

La calidad esta en nuestro ADN por esta razón trabajamos con proveedores con los mas altos estándares de calidad y nos atrevemos a dar garantías sobre nuestros producto que te sorprenderán.

Producto Ecológico

Nuestros residuos son aprovechados y reutilizados en otras industrias.

Clientes Satisfechos

Lo más importate es que tu compra te permita sonreír.

Servicio al Cliente

Asesores amables con ganas de solucionar tus dudas.

Entregas Rápidas

Nustro equipo trabaja al maximo para entregar en el menosr tiempo.

Beneficios

¿Por Qué Elegirnos?

Nuestros tapetes personalizados no solo cumplen con caracteristicas publicitarias, adicionalmente son funcionales y muy utiles.

Envios Nacionales

Facil Limpieza

Precio de Distribución

Excelente Servicio

Productos Especializados

Punto de Fábrica

Tapetes para Empresas

¿Qué debe tener mi Tapete Publicitario?

Piensa en el obejetivo de tu empresa y ponlo en tus tapetes

Cuando pensamos en tapetes publicitarios lo primero que se nos viene a la cabeza es colocar nuestro logo y esto no esta mal ya que nos ayudan a reforzar el branding de nuestra empresa, pero que pasa si vamos un poco mas alla y comunicamos ideas ejecutables para los clientes o empoleados que día a día van a ver tu tapete.

Por esto pueder partir dando un bievenida calurosa o informar cual es el camino correcto, puedes motivarlos o inspirarlos esto permitira tener una mayor conexión con tus clientes y muchas más recordación.

Grupo Hermida: es una empresa argentina que fabrica de alfombras personalizadas, pisos, placas bajo escritorio, cintas anti-delizantes, felpudos decorativos etc. De este sitio web se sacaron referencias de poner un listado de íconos con descripciones al lado del formulario como información extra de contacto, testimonios reales de clientes, también que se debe explicar las razones por las cuales se debe tener una alfombra, es decir, convencer al cliente y poner una descripción breve sobre cada producto, su aplicación, función y lugares donde se puede poner la alfombra. Pues el cliente no es un experto del tema, así pueda tomar una decisión informada sobre el producto que necesita. A continuación, se muestran capturas de pantalla del sitio:

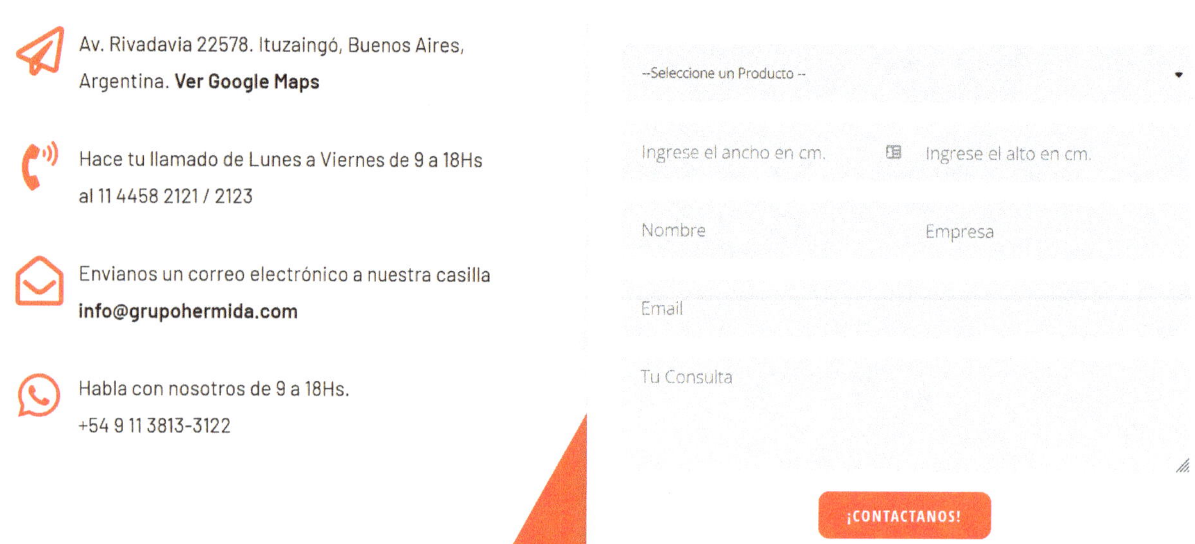

Av. Rivadavia 22578. Ituzaingó, Buenos Aires, Argentina. Ver Google Maps
Hace tu llamado de Lunes a Viernes de 9 a 18Hs al 11 4458 2121 / 2123
Envianos un correo electrónico a nuestra casilla info@grupohermida.com
Habla con nosotros de 9 a 18Hs. +54 9 11 3813-3122
--Seleccione un Producto --
Ingrese el ancho en cm.
Ingrese el alto en cm.
Nombre
Empresa
Email
Tu Consulta
¡CONTACTANOS!

CAMBIA TU IMAGEN!

Mayor influencia de tu marca sobre tus potenciales clientes

MÁS DECORACIÓN
Refuerza la decoración corporativa en entornos limitados, como las ferias y salones comerciales.

MÁS INFLUENCIA
El **90% de tus clientes** son influenciados por la primer imagen que brinda tu negocio o empresa.

MÁS IMPACTO
Su exposición prolongada logra un **impacto muy notable en el** consumidor y la percepción de la marca en cuestión.

MÁS SEGURIDAD
Evita las caídas y tropezones los dias de lluvia y humedad.

¿QUE OPINAN NUESTROS CLIENTES?

Analia Vanina recomienda Alfombras Personalizadas Captor.
14 de septiembre de 2018

Excelente atención!!! desde el primer contacto hasta recibir el producto todo realmente espectacular....además evacuaron todas mis dudas antes de comprar y el producto final es inmejorable!!!! excelente calidad!!!! me encantó!!!! 100% recomendables!!!... desde Cipolletti - Río Negro

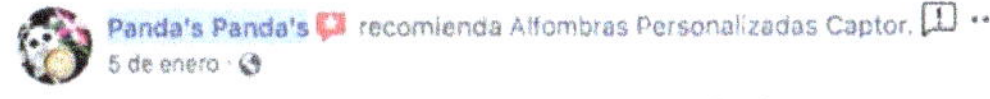
Panda's Panda's recomienda Alfombras Personalizadas Captor.
5 de enero

Ayer me llego la alfombra .... quedé encantada ... la atención vía Facebook excelente.
Super recomendable este Finde les envío Fotos kisses @tienda.pandas

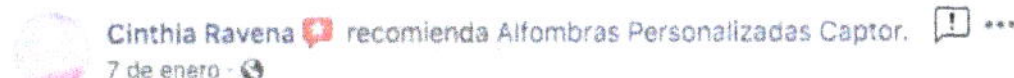
Cinthia Ravena recomienda Alfombras Personalizadas Captor.
7 de enero

Hola, el producto alcanzó y superó lo esperado. Considero que tanto la atención, experiencia y trabajo son de óptima confianza y calidad.
Saludos, Cinthia de Casa de ropa DIOSA MIA!

Matias Pucheta recomienda Alfombras Personalizadas Captor.
14 de enero

Excelente el producto, la calidad, el diseño y los colores. También quiero destacar la seriedad en la gestión del pedido. Los recomiendo y volvería a contratar sin dudas!!

¿Por Qué Utilizar una Alfombra o Felpudo Personalizado Captor?

01 PISOS MAS LIMPIOS

Mantiene el piso de los accesos y entradas un 80% mas limpios de suciedad y agua **que los productos de uso habitual.**

02 MAYOR DURABILIDAD

Realizados en PVC de alto transito resisten el paso de 150.000 personas al año. (duran hasta 18 meses).

03 FACIL DE LIMPIAR

Los felpudos Captor® se lavan facilmente solo con agua y pueden volver a colocarse para su uso de forma inmediata.

04 RESISTENTE AL CLIMA

Su proceso de fabricación los hace resistente a todo tipo de climas y rayos UV, permitiendo su uso en todo tipo de regiones sin deteriorarse.

05 MAYOR SEGURIDAD

Su base antideslizante permite adherirse a la superficie del suelo evitando el deslizamiento y los pliegues del material. Son ignífugos y vienen con borde antiderrapantes.

06 NO GENERAN OLORES

El material de los felpudos y alfombras Captor® no se deforma y es antibacteria, evitando la generación de hongos y malos olores con el paso del tiempo.

Césped Ecuador: es una empresa ecuatoriana que se dedica a la fabricación y comercialización de diferentes tipos de materiales para la decoración como césped sintético, policarbonato, etc. Las referencias que se obtuvieron de este sitio web fueron del blog, agregar una columna lateral que muestre las entradas más recientes e información adicional para quienes no ingresen por la página de Inicio, sino por directamente al blog. A continuación, se muestran capturas de pantalla del sitio:

Techos Paredes Pisos Otros Materiales  Blog 095 898 2980 $0.00

Buscar

¿Quieres recibir asesoría profesional ahora?

¡Nuestro personal especializado está listo para asesorarte!

Iniciar Conversación

Iniciar Llamada

Categorías

Césped Sintético Decorativo
Césped Sintético Deportivo
Jardines Verticales Artificiales
Otros Productos

Últimas Entradas

¿Estás pensando instalar un jardín vertical artificial?
6 Errores Graves a Evitar en el Mantenimiento de tu Césped Sintético Deportivo
Obtén el Mayor Beneficio de tu Cancha de Fútbol Instalando Césped Sintético Deportivo
5 Razones para Instalar Jardines Verticales Artificiales Hoy Mismo
Cómo decorar tu casa con Césped Sintético Decorativo

junio 1, 2023

¿Estás pensando instalar un jardín vertical artificial?

marzo 29, 2023

6 Errores Graves a Evitar en el Mantenimiento de tu Césped Sintético Deportivo

febrero 10, 2023

Obtén el Mayor Beneficio de tu Cancha de Fútbol Instalando Césped Sintético Deportivo

febrero 2, 2023

5 Razones para Instalar Jardines Verticales Artificiales Hoy Mismo

enero 30, 2023

Cómo decorar tu casa con Césped Sintético Decorativo

enero 27, 2023

Ventajas de instalar un Jardín Vertical Artificial

2.6.2. Empresas de otros sectores

Representaciones Especiales: es una empresa de calzado y la marroquinería de Bucaramanga. De este sitio web se sacaron referencias respecto a un chat o mensajería directo con la empresa usando WhatsApp que es la app más usada en Latinoamérica, además de ideas para el contenido de la página de Inicio como carrusel o slider, que muestren contenidos temporales como promociones de temporada, contenido que se pueda cambar según la necesidad. A continuación, se muestran capturas de pantalla del sitio:

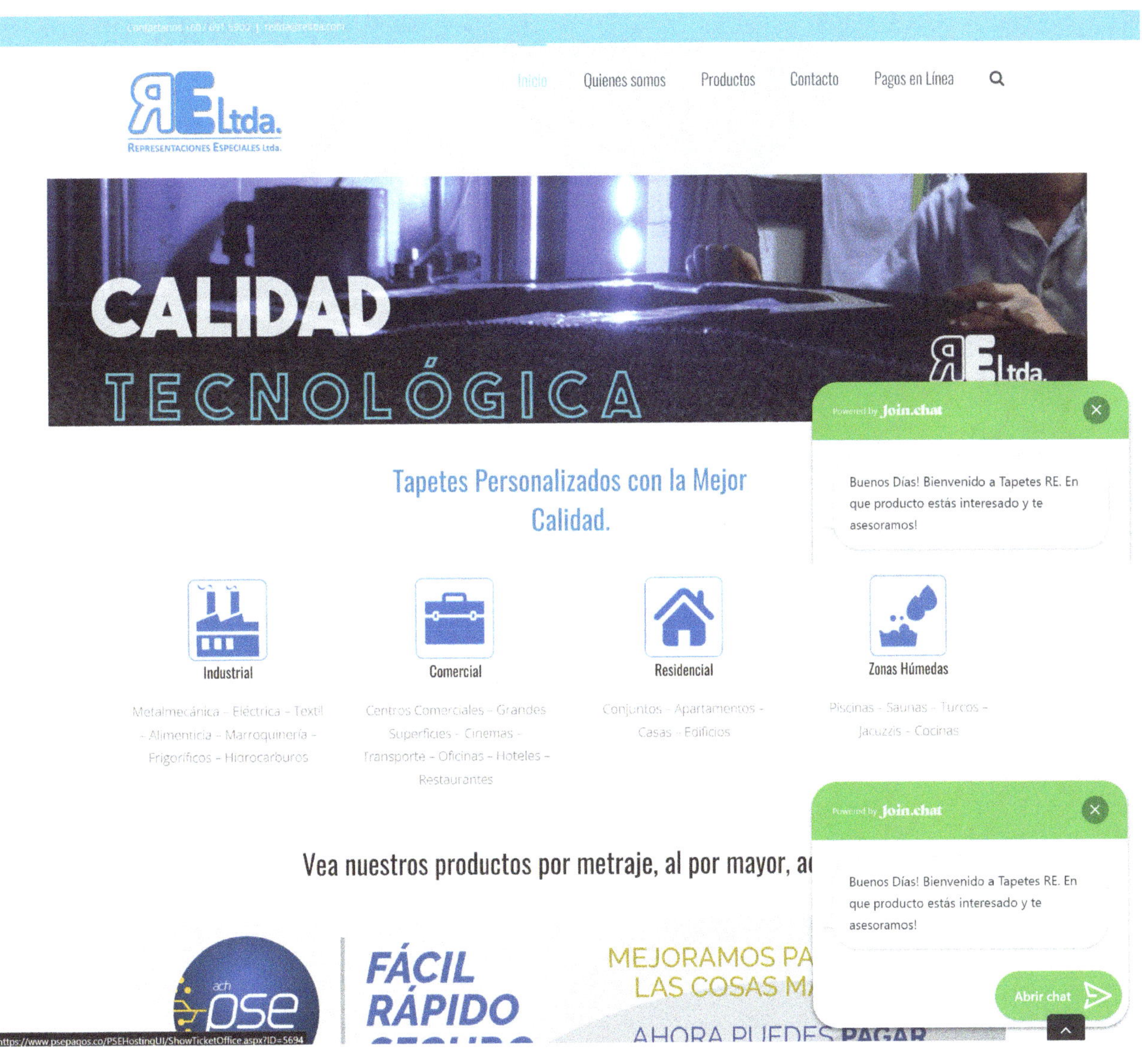

Fransur: es una empresa bróker ecuatoriana que se dedica a conectar emprendedores e inversionistas, según su perfil, con negocios o marcas en los cuales puedan invertir y acceder a una franquicia. De este sitio se obtuvieron referencias como que en la página de inicio se debe mostrar desde el primer momento datos relevantes de la empresa como son años en el mercado, experiencia, ventas concretadas y otros, para que genere confianza en el posible cliente, que trata con una empresa firme en el mercado y no un startup, también que las fotografías del equipo que integra la organización son parte importante de la empresa, pues refleja el lado humano de la misma. A continuación, se muestran capturas de pantalla del sitio:

INICIO QUIÉNES SOMOS MARCAS ALIADAS CONTACTOS SOY DUEÑO DE UN NEGOCIO NUEVOS EMPLEOS

FRANSUR

Nuestros Números

+100
Negocios Establecidos

1,7 M $
En Inversión

+125
Clientes Satisfechos

Hospital Vozandes: es una clínica privada de la ciudad de Quito. De este sitio web se sacaron referencias para realizar la cabeza de página o header, junto con sus opciones. A continuación, se muestran capturas de pantalla del sitio:

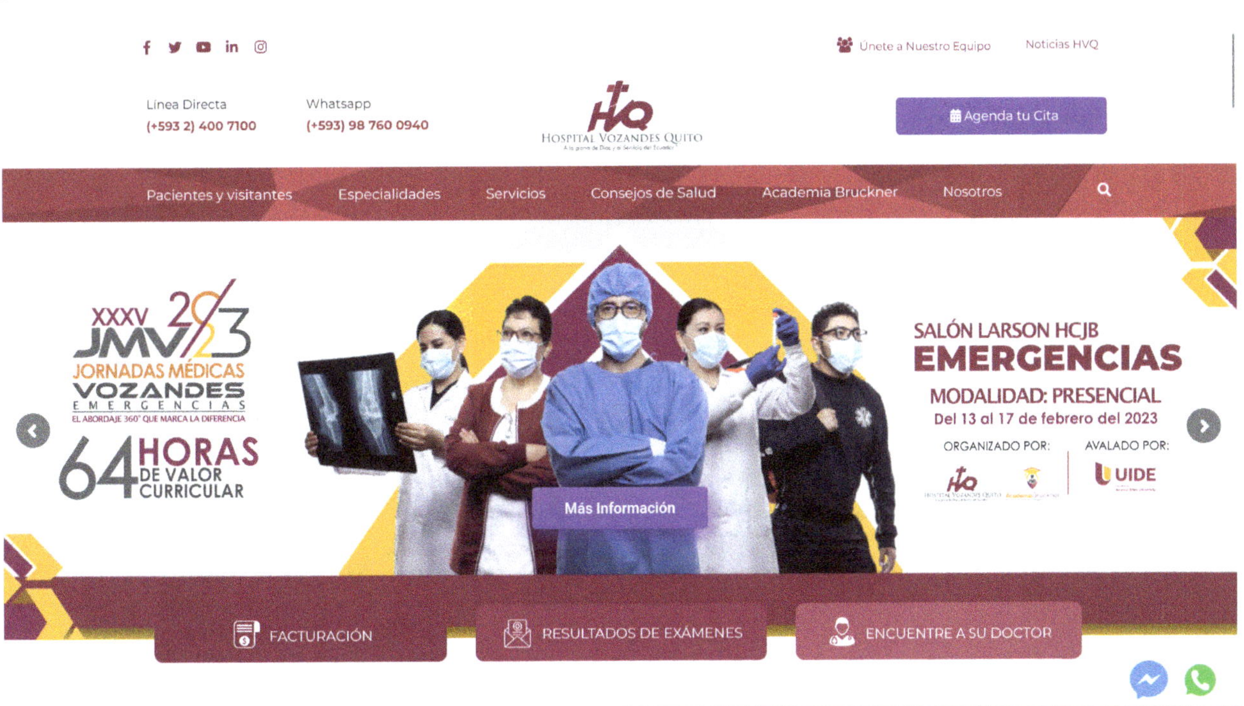

Active Life: empresa ecuatoriana que se dedica a la venta de equipos para gimnasios, sea comerciales, personales y otros relacionados. Las ideas y referencias obtenidas de este sitio web fueron para el pie de página: agregar un atributo sobre la marca que resalte y diferencia de la competencia. A continuación, se muestran capturas de pantalla del sitio:

Capítulo III

Objetivos y Metodología de Trabajo

3.1. Objetivo general

Rediseñar el sitio web de la empresa Alfombras Publicitarias, para mejorar la experiencia de usuario con una nueva interfaz, nueva arquitectura de la información y nueva estructura web del sitio. Esto mediante el uso del proceso de *Design Thinking* y Diseño Centrado en el Usuario.

3.2. Objetivos específicos

- Investigar de forma general sobre la compañía, competidores y usuarios, haciendo un Desk Research y User Research, luego una investigación cualitativa mediante entrevistas a los stakeholders.
- Evaluar el sitio web actual de Alfombras Publicitarias mediante un test de usabilidad con cinco usuarios y hacer evaluación heurística con los 10 principios de usabilidad de Jakob Nielsen.
- Identificar los errores de usabilidad del sitio web actual, y las necesidades, frustraciones y objetivos de los usuarios. Para reconocer los errores a corregir, establecer procesos de diseño del Design Thinking a seguir, crear arquetipo de usuarios y establecer una arquitectura de información.
- Realizar bocetos de cómo será el nuevo sitio web, luego se realizarán wireframes de baja fidelidad sobre cada página del sitio con los contenidos, y se harán mock ups de cómo lucirá la apariencia final del sitio web.
- Realizar un prototipo funcional para evaluar la usabilidad del nuevo sitio web mediante un test de usuarios. Para entonces publicar el sitio web en la internet.

3.3. Metodología de trabajo

Antes de explicar las metodologías y procesos que se aplicaron para el desarrollo del proyecto web, es importante acotar que para diseñar un producto digital y antes de iniciar el proceso, se debe considerar tres pilares importantes denominados la «Trifuerza» los cuales son:

- UX
- Negocio
- Desarrollo

Estos tres pilares deben definirse desde el inicio, como punto de partida para evaular la viabilidad del proyecto es alcanzable o no, es fundamental para diseñar un producto. Estos pilares se explican de la siguiente forma:

- **Experiencia de Usuario:** ¿Cuál es el valor a aportar a los usuarios?
- **Negocio:** ¿Cuál es el valor a aportar a la empresa?
- **Desarrollo:** ¿Cuál será el coste o dificultad que tendrá la implementación del producto?

Ilustración 17, Esquema de la Trifuerza o Pilares del Diseño Básico. Fuente: Curso de Domestika - Diseño de producto digital con Lean y UX de Óscar Santos.

3.3.1. Metodologías Ágiles

Las metodologías ágiles o en inglés *Agile*, según en palabras de Óscar Santos, diseñador UX y de producto, lo define como un: «conjunto de metodologías para el desarrollo de proyectos que precisan de rapidez y flexibilidad para adaptarse a condiciones cambiantes del sector o mercado» (Ó. Santos, s. f., sc. 4) que consiste en dividir cada etapa o fase en pequeños bloques de tiempo, los cuales se denominan *sprints*, y cada *sprint* avanza en conjunto con los demás poco a poco. Además, se puede ir adelante y hacia atrás, es decir, cambiar los aspectos que se necesiten (retroceder) e ir a la par con el resto y avanzar. Las metodologías ágiles no son los tradicionales modelos en cascada, que surgieron en la Revolución Industrial, donde para avanzar había que terminar una etapa por completo y la capacidad de iteración, era imposible, pues se tendría que empezar desde cero todo el proceso. Eso es un proceso rígido, del cual la retroalimentación o *feedback* era nula.

La siguiente imagen ilustra la diferencia entre metodologías ágiles y el modelo en cascada:

Las metodologías ágiles refieren a la gestión del proyecto y tiempos en sí, sobre cómo mantener en control el trabajo y la capacidad de adaptación frente a cambios repentinos. Las metodologías ágiles no conciernen a la definición de procesos y etapas del proyecto, para eso se utilizó el proceso de pensamiento de diseño, más conocido por su nombre en inglés Design Thinking que se explica a continuación.

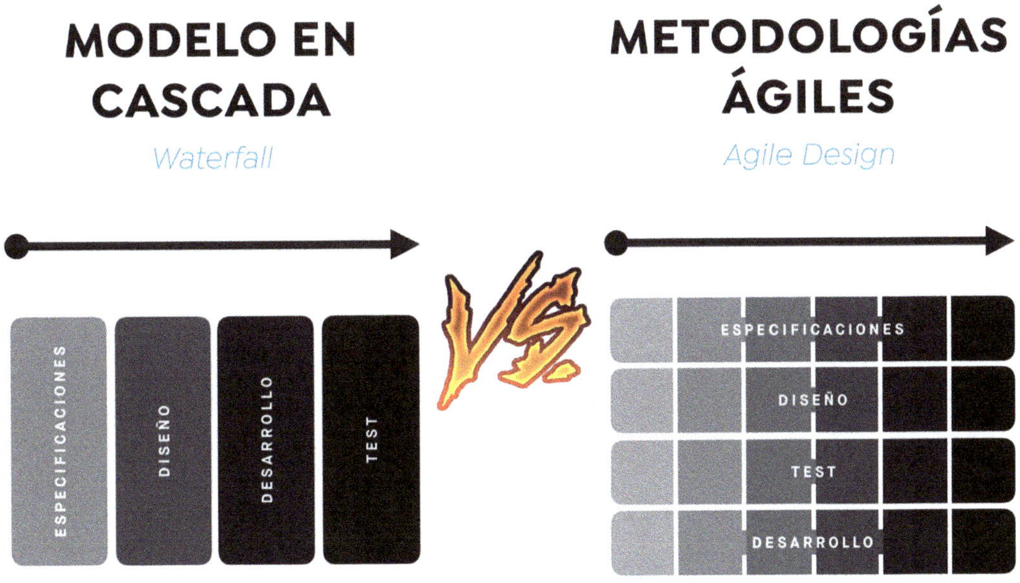

Ilustración 18, diferencia entre el modelo en cascada y las metodologías ágiles. Fuente: Curso de Domestika - Diseño de producto digital con Lean y UX de Óscar Santos.

Para comprender mejor la diferencia entre ambos tipos de metodologías, se plantea el siguiente ejemplo:

Tabla 5

Ejemplo de cómo un mismo proyecto se puede gestionar de dos formas: modelo en cascada o metodologías ágiles

Modelo en Cascada	Metodologías Ágiles
1. Se debe definir todo el contenido tanto visual como textual del sitio web. 2. Los diseñadores deben hacer todo el diseño visual (o línea gráfica). 3. Enviar el diseño final a los programadores. 4. Al final con algo de tiempo se puede testar con usuarios.	• Se puede definir una pequeña parte de las especificaciones, • para ponernos a diseñar enseguida • Y hacer un prototipo • Que se podría probar (o testar). • Una vez validado el prototipo con los usuarios, se podría ir programando, • Y podríamos ir avanzando.

3.3.2. Proceso de Pensamiento de Diseño

El Proceso de Pensamiento de Diseño más conocido por su traducción al inglés *Design Thinking*, según Oscar Santos, diseñador UX y de Producto, el *Design Thinking* es: «un proceso para afrontar problemas en las organizaciones situando al usuario en el centro, estudiando sus necesidades» (**Ó. Santos, s. f., sc. 6 curso Domestika**) y «un método para generar ideas innovadoras que centra su eficacia en entender y dar solución a las necesidades reales de los usuarios» (**Ó. Santos, s. f., sc. 15 curso Domestika**). Dicho proceso tiene distintas variaciones para adaptarse a las necesidades, pero la esencia es la misma. Estas variaciones se presentan a continuación:

Doble Diamante del Consejo Británico de Diseño

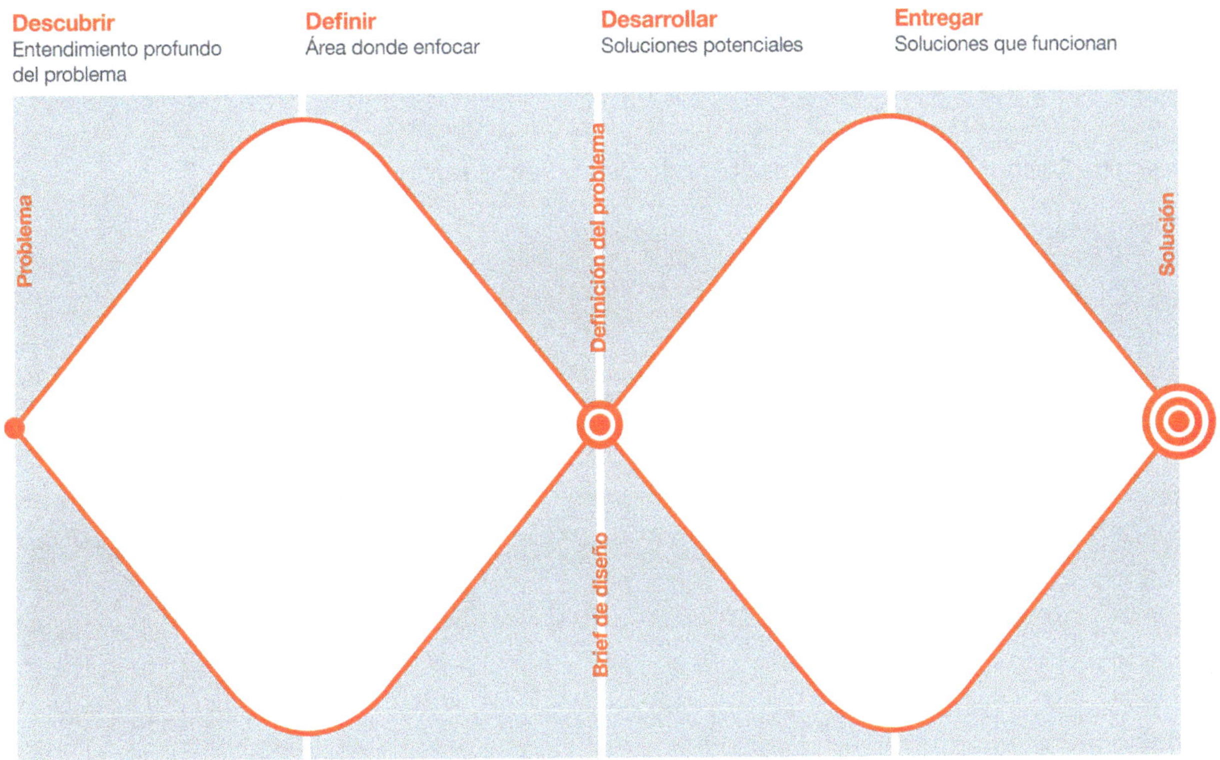

Ilustración 19, Doble Diamante del Consejo de Diseño. Fuente: Cómo aplicar el pensamiento de diseño, diseño centrado en personas, experiencia de usuario o cualquier proceso creativo desde cero de Dan Nessler (s.f.)

Ideología del diseño centrado en personas de IDEO

INSPIRACIÓN

Tengo un desafío de diseño.
¿Cómo comienzo?
¿Cómo conduzco una entrevista?
¿Cómo me mantengo centrado en las personas?

IDEACIÓN

Tengo una oportunidad para diseñar.
¿Cómo interpreto lo que aprendí?
¿Cómo hago para convertir los insights en ideas tangibles?
¿Cómo hago un prototipo?

IMPLEMENTACIÓN

Tengo una solución innovadora.
¿Cómo hago mi concepto realidad?
¿Cómo evalúo si está funcionando?
¿Cómo planifico para la sustentabilidad?

DIVERGER
CONVERGER
DIVERGER
CONVERGER

Ilustración 20, Proceso de Diseño Centrado en Personas, de IDEO. Fuente: Cómo aplicar el pensamiento de diseño, diseño centrado en personas, experiencia de usuario o cualquier proceso creativo desde cero de Dan Nessler (s.f.)

Proceso de Design Thinking, del Instituto de Diseño de Stanford (D.School)

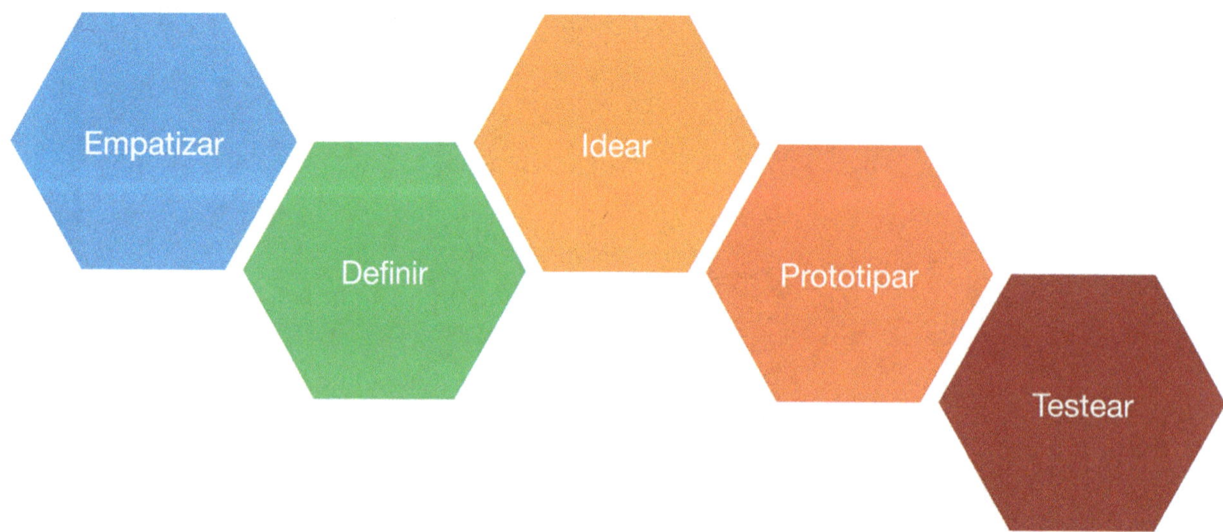

Ilustración 21, Proceso de Design Thinking, del Instituto de Diseño de Stanford (D.School). Fuente: Cómo aplicar el pensamiento de diseño, diseño centrado en personas, experiencia de usuario o cualquier proceso creativo desde cero de Dan Nessler (s.f.)

La metodología que se aplicó para la realización del presente proyecto fue el proceso de Doble Diamante de *Design Thinking*, el cual contiene los mismos conceptos que el proceso tradicional de *Design Thinking*, con la diferencia que es un diseño más estructurado y tiene las etapas de divergir y converger, que agrupan a subetapas las cuales son: descubrir, sintetizar, idear y diseñar. Entonces para comprender las etapas de divergir y converger, se explica su significación.

La definición de divergir es: «irse apartando sucesivamente unas de otras» **(Real Academia Española, s.f.)**, mientras converger significa: «tender a unirse en un punto» **(Real Academia Española, s.f.)**. Entonces la etapa de divergir es abrir lo más posible sin límites, que toda la información, aunque parte de un mismo tema o punto, poco a poco se irá apartando entre sí para obtener nuevos conceptos e *insights*, esas son las etapas de descubrir y sintetizar. Mientras que la etapa de converger es condensar y afinar los hallazgos e ideas, pese a tener información distinta, poco a poco irá uniéndose en un solo punto para desarrollar algo, esas son las etapas de idear y diseñar.

El proceso de Doble Diamante del *Design Thinking* se divide en dos fases:

1. **La primera fase es la de descubrimiento**, se empieza a investigar a usuarios, competidores y empresa, con lo que se obtiene mucha información, la cual al sintetizar se empieza a divergir. El resultado son los «descubrimientos» o insights, obtenidos de la investigación y son esos conceptos redefinen el problema real.

2. **La fase media es la de redefinición del problema real**, muchas veces las empresas piden cosas que en verdad no necesitan. Los descubrimientos y conceptos, son quienes definen el problema real y con toda esa nueva información se hará un nuevo *brief*.

3. **La segunda fase es la de ideación**, se empieza a plantear un montón de ideas (lluvia de ideas o *brainstorming*), donde se debe «fallar súper rápido para aprender un montón» eso es converger, pues esas ideas de diseño se deben validar mediante prototipos que se probarán con los usuarios, para obtener información y así obtener la solución específica al problema.

PROCESO DE DOBLE DIAMANTE DE DESIGN THINKING

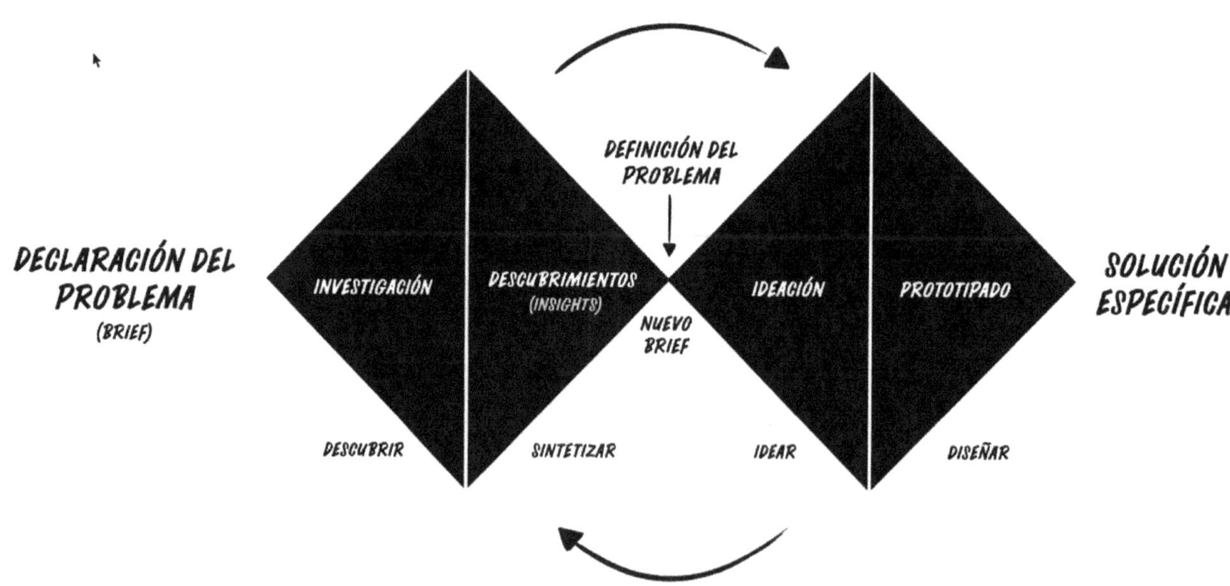

Ilustración 22, proceso de doble diamante de design thinking. Fuente: Curso de Domestika - Diseño de producto digital con Lean y UX de Óscar Santos.

Entones para comprender mejor cómo es el proceso de Doble Diamante, se explicará con una analogía al proceso tradicional, pues en esencia son los mismos, solo que el Doble Diamante es más estructurado y el tradicional es más generalizado.

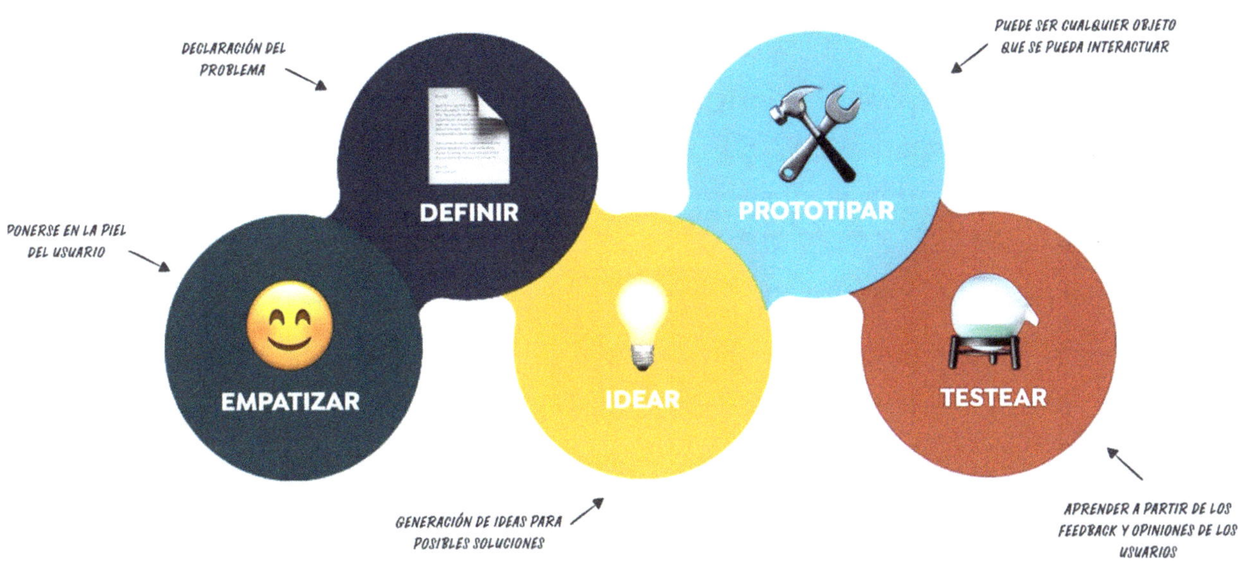

Ilustración 23, proceso de design thinking tradicional. Fuente: Curso de Domestika - Diseño de producto digital con Lean y UX de Óscar Santos.

Tabla 6

Proceso de Design Thinking

DIVERGIR	**1. Descubrir / Investigar:** es el entendimiento profundo del problema. • Investigación primaria (etnografía y User Research) • Investigación secundaria (desk Research) **Resultado:** terminar con una pila enorme y desestructurada de hallazgos de la investigación. Terminar con una pila enorme y desestructu¬rada de hallazgos de la investigación. **2. Sintetizar / Definir:** es el área donde enfocar y el problema. • Agrupar temas similares • Descubrir conceptos o Insights • Crear preguntas HMW (¿Cómo podemos...?) **Resultado:** tener un brief renovado (brief final, pregunta CP o HMW) que, o bien clarifique o detalle el desafío del problema o bien lo contradiga, y se reformule el mismo para definir el problema real.
CONERGER	**3. Idear / Desarrollar:** soluciones potenciales. • Lluvia de ideas • Evaluar y seleccionar ideas **Resultado:** salir con ideas para validar con prototipos que se testearán luego, así encontrar la mejor respuesta o solución a la pregunta o problema. **4. Diseñar / Implementar:** soluciones que funcionan. • Construir → Prototipar • Testear → Analizar • Iterar → Repetir **Resultado:** apto para salir con la propuesta, producto, respuesta o solución finales.

Aunque la etapa de empatizar no se encuentra de forma implícita en el proceso de Doble Diamante, sí está presente, caso contrario no sería diseño centrado en el usuario. Esa etapa se encuentra en la primera fase: descubrir o investigar, ya que dentro de la investigación primaria está la investigación del usuario o inglés *User Research*, junto con los estudios de campos para analizar al usuario en su propio entorno. El objetivo de todos esos estudios es comprender a las personas que son el público objetivo, y las necesidades que el diseño intentará satisfacer. Así que, eso es empatía o empatizar con el usuario.

Entonces se concluye que, las etapas habituales en el proceso tradicional que son empatizar y definir, pertenecen a la fase de Divergir del proceso de Doble Diamante, mientras que las etapas de idear, prototipar y testear, se encuentran en la fase de Converger. Sin embargo, como se destacó al principio, se usan metodologías ágiles o *Agile* dentro de este proceso, no es un proceso lineal, lo cual implica es que un proceso donde se obtiene feedback de los errores, del cual se puede iterar, es decir, corregir y repetir en la fase donde se quedó, como se ejemplifica a continuación:

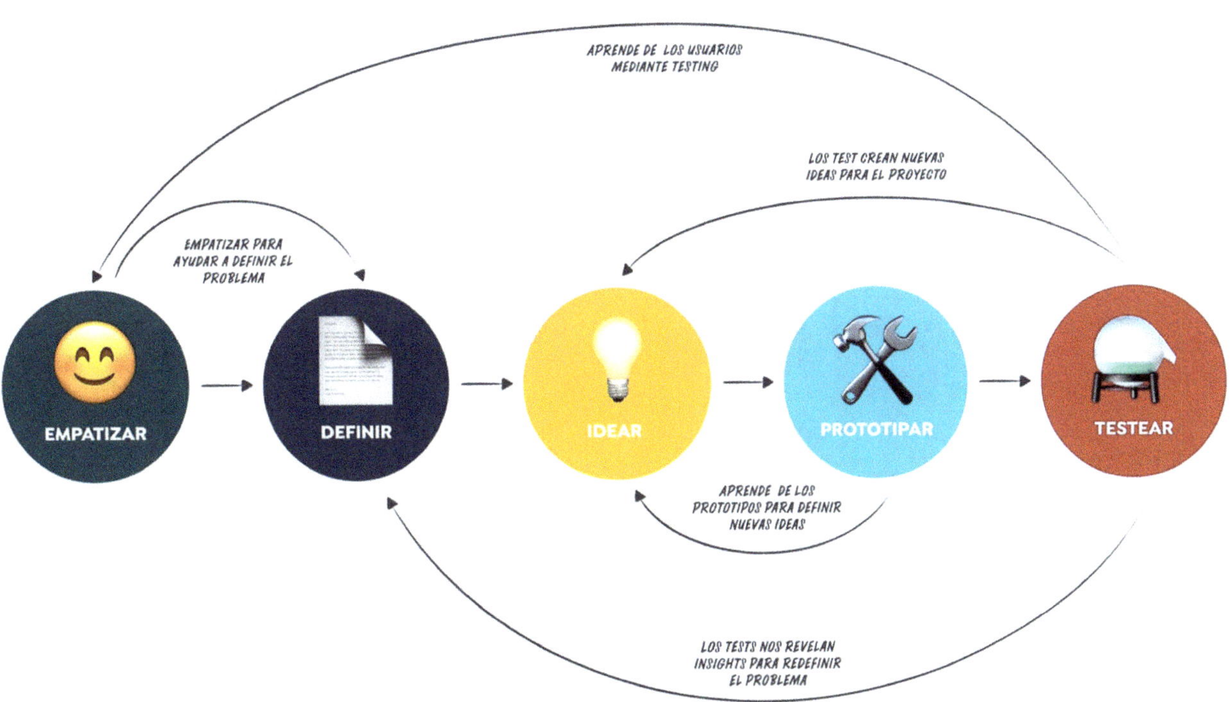

Ilustración 24, metodología ágil y proceso de design thinking. Su combinación da como resultado un proceso iterativo. Fuente: Curso de Domestika - Diseño de producto digital con Lean y UX de Óscar Santos.

Capítulo IV

Desarrollo de la Contribución
Diseño de Producto Digital

4.1. ETAPA 1: IDENTIFICACIÓN DE REQUISITOS

Para la realización del rediseño del sitio web Alfombras Publicitarias, el punto de partida fue identificar cuáles eran las necesidades y objetivos del negocio al pretender realizar un rediseño web, ¿Qué problemas estaban teniendo? Para establecer soluciones y propuestas con el nuevo rediseño, pero también ¿Cuáles son las necesidades y objetivos de los usuarios? Para satisfacer esas necesidades que ellos buscan al visitar un sitio web sobre este tema. Entonces conseguir un equilibrio entre las necesidades y objetivos de la empresa y de los usuarios, es importante para establecer las pautas para el desarrollo de un producto digital eficiente y eficaz, que satisfaga a ambas partes involucradas.

A continuación, se muestran los distintos pasos que se realizó durante la fase de investigación para detección de requisitos:

4.1.1. Desk Research

Conocido también como investigación secundaria o búsqueda de escritorio, consiste en recoger información a partir de estudios e investigaciones ya realizadas y que han publicado sus resultados. Entonces la investigación exploratoria partió por conocer qué información hay sobre el negocio de alfombras personalizadas, quiénes son los competidores, qué hacen, y cuáles son las características comunes tienen todos ellos.

A partir de esa información preliminar recogida se elaboró un Documento de Referencias, el cual se puede encontrar en el "Anexo A" en la página 211, que recopila ideas y funcionalidades de otros sitios web de la misma línea de negocios que destaquen en el mercado. Por ejemplo, se pudo obtener una idea (insight) al comparar sitios web relacionados como Grupo Hermida, donde se consideró la idea de explicar los motivos por los cuales es beneficioso tener una alfombra en un local comercial. Pero también se indagó en otros sitios webs de otras áreas de negocio, aunque no tengan relación directa, esto para aportar ideas (insights) en el tema de funcionalidades, por ejemplo, en el sitio web de Hospital Vozandes se consideró tener un header o cabeza de página más elaborado, y no ser el tradicional menú principal, sino que integre enlaces para las personas interesadas en ser distribuidor o quieran cotizar directamente.

Ilustración 25, documento de referencias elaborado por la autora, el panel izquierdo muestra las referencias de sitios web analizadas y el panel derecho muestra las anotaciones de ideas y funcionalidades recopiladas.

4.1.2. Entrevistas

En segunda instancia del proceso de investigación, se realizaron dos tipos de entrevistas a dos tipos de públicos diferentes:

Entrevistas con stakeholders, las cuales fueron de modalidad no estructurada, aunque se tenía información previa por el desk research en qué consistía el negocio, nada mejor que sea el propio cliente quien describa sus necesidades y proporcione información extra que no hubiera estado contemplada en un guion o temario para la entrevista. En añadidura, durante el desarrollo del rediseño del producto digital, se realizaron varias sesiones para ver si los avances estaban encaminados con los objetivos establecidos. Revisar "Anexo B" en la página 211.

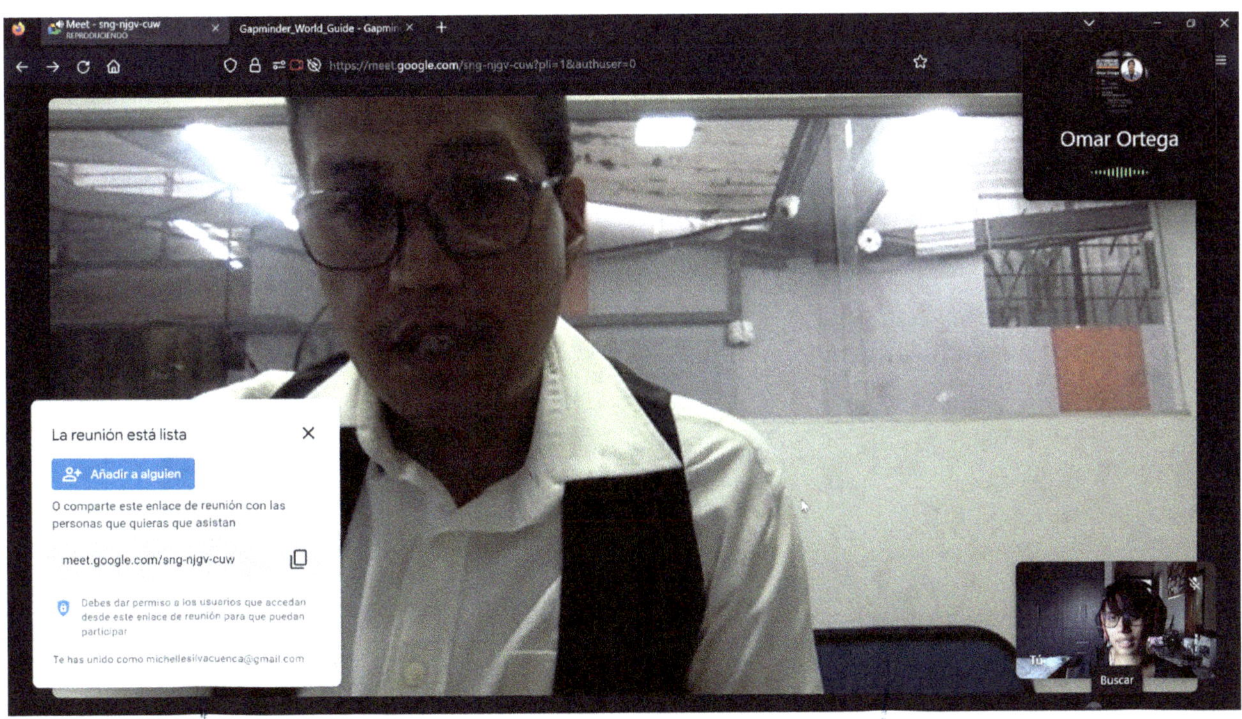

Ilustración 26, entrevista con Omar Ortega, gerente general de la empresa Alfombras Publicitarias. Captura de pantalla hecha por la autora.

Los principales tópicos y objetivos que se trataron durante estas entrevistas fueron:

- Generar tráfico web para obtener prospectos de venta, es decir, que el sitio web se convierta en un canal para conseguir nuevos clientes para la empresa.

- Generar una base de datos de los usuarios, mediante formularios de contacto que incentiven a los mismos a dejar sus datos de contacto como correo electrónico para crear campañas de mailing con esos datos.

Entrevistas con potenciales usuarios, en base a la información recopilada, se estructuró un guion con temas para realizar entrevistas de modalidad semi estructuradas. El objetivo de realizar entrevistas con potenciales usuarios y quienes fueron clientes de AP, fue para obtener información cualitativa sobre qué aspectos consideraban más relevantes al momento de elegir o decantarse por una alfombra personalizada, qué atributos valoraban más del negocio, etc. Se logró entrevistar a un cliente, Eduardo Torres, responsable de adquisiciones de la empresa El Huerto, en Ecuador, en el "Anexo C" en la página 211 se puede acceder a dicha entrevista.

Los insights obtenidos de esta entrevista fueron:

- Los potenciales clientes buscan productos de calidad y resistentes que se adapten a su ambientación corporativa, para mostrar profesionalismo y su identidad de marca.

- La publicidad, redes sociales, sitio web y recomendaciones, son canales y puntos de contacto con los cuales AP consigue prospectos de ventas (leads).
- Las cotizaciones, muestrarios, materiales, tiempos de entrega y en especial los costos, son los principales motivos para que las personas elijan AP.
- La información que más buscan son los tipos de alfombras, para elegir una según la conveniencia para sus establecimientos comerciales.

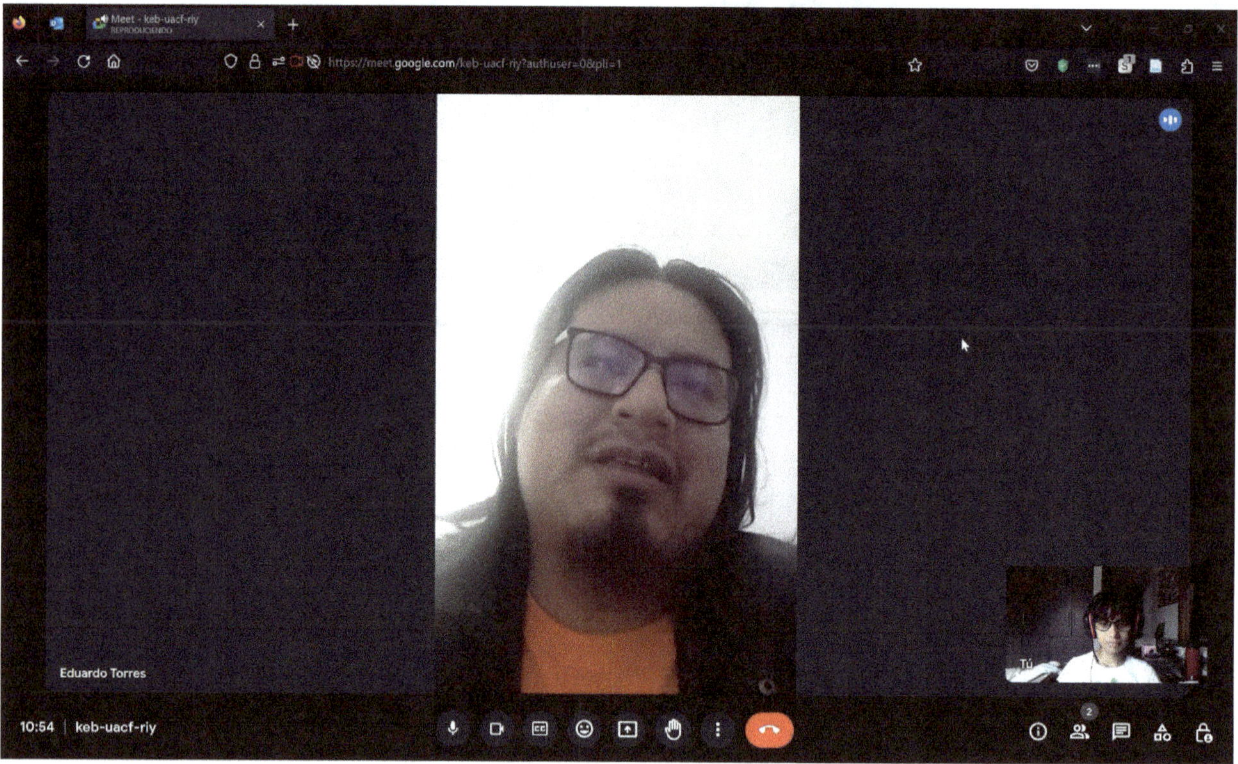

Ilustración 27, entrevista a Eduardo Torres, responsable de adquisiciones de la empresa El Huerto. Cliente de Alfombras Publicitarias. Captura de pantalla hecha por la autora.

4.1.3. Evaluación Heurística y Principios de Usabilidad

Para realizar un rediseño web, es necesario conocer los aspectos que están fallando en el sitio web actual para establecer pautas y guías a seguir para mejorar esos errores. Entonces, antes de evaluar el sitio web actual con usuarios, primero se realizó una inspección de la usabilidad sin usuarios, es decir, se evaluó la calidad de la interfaz gráfica por parte de un evaluador, que en este caso fue la misma autora.

La inspección costó de dos fases: la primera inspección fue en base a los 10 principios de usabilidad de Jakob Nielsen, también conocidas como Principios Heurísticos de Usabilidad, los cuales son reglas generales y no directrices de usabilidad específicas. Mientras la segunda fase, fue una inspección también manual en base a una plantilla de evaluación heurística de Elastic Heads, un Estudio de diseño de productos digitales de Madrid, España.

En la primera inspección, se determinó los principios que sí cumplen y cuales no, mismos que se muestran en la tabla y se explican a continuación:

Tabla 7

Resultados de la inspección al sitio web de Alfombras Publicitarias.

PRINCIPIO	CUMPLE	NO CUMPLE
Visibilidad del estado del sistema	SÍ	
Relación entre el sistema y el mundo real		NO
Control y libertad del usuario	SÍ	
Consistencia y estándares		NO
Prevención de errores	SÍ	
Reconocer antes que recordar	SÍ	
Flexibilidad y eficiencia de uso	SÍ	
Estética y diseño minimalista	SÍ	
Ayudar a los usuarios a reconocer, diagnosticar y corregir los errores	SÍ	
Ayuda y Documentación		NO

Relación entre el sistema y el mundo real: el sistema tiene que hablar con el mismo lenguaje que los usuarios. Sin embargo, en la página de Productos los nombres de las categorías de los productos de la empresa, no suelen formar parte del conocimiento general de los usuarios, pues el lenguaje debe ser pensado también en usuarios no expertos en el tema de alfombras, ellos no sabrán qué podría significar «moquetas acanaladas, tipo malla, perfiles, duramat, etc». Entonces es necesario corregir este error y presentar los productos o sus categorías de manera que el usuario las comprenda, sin dejar el rigor de la materia que son las alfombras.

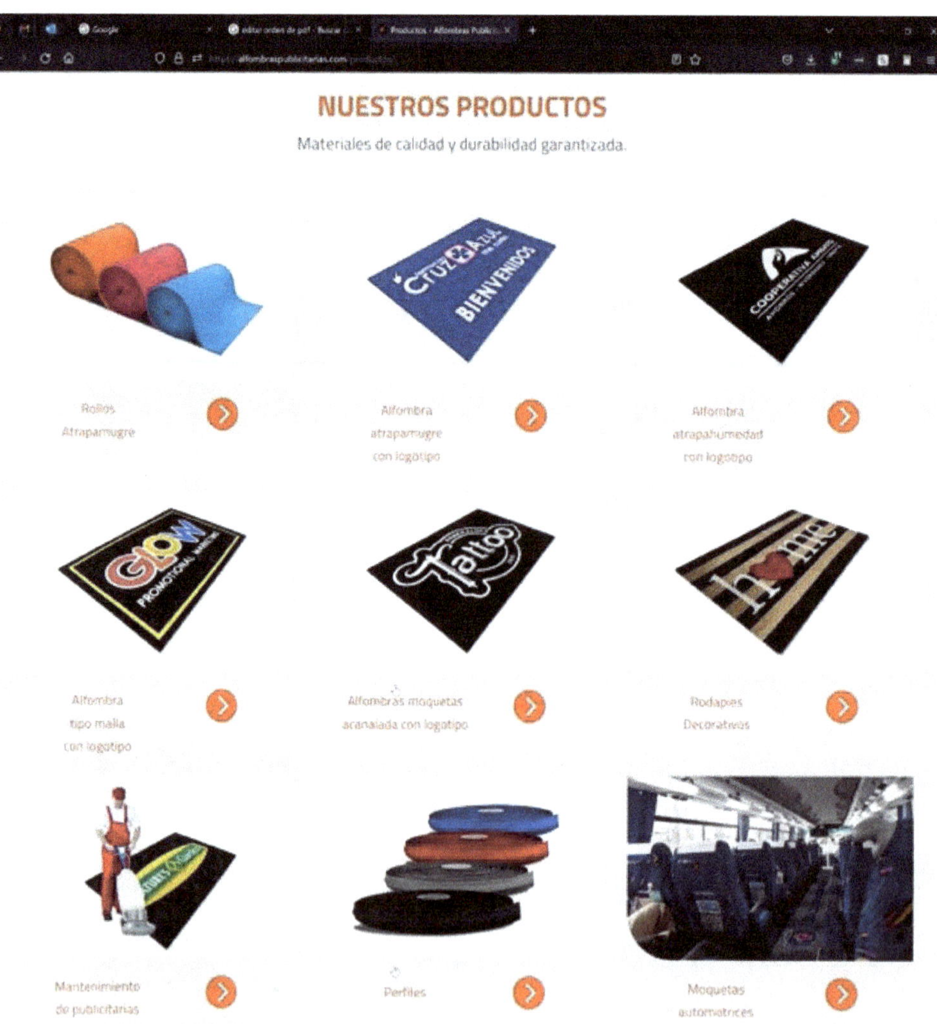

Ilustración 28, página de Productos del sitio web Alfombras Publicitarias. Captura de pantalla hecha por la autora (2023).

Consistencia y estándares: es conveniente seguir y repetir patrones para no confundir a los usuarios. En el caso de la página de Blog, el diseño de la presentación de las entradas del blog es totalmente diferente a lo que los usuarios están acostumbrados a encontrar.

Ejemplos de algunos blogs citados a continuación para ejemplificación son de los sitios web de Hostinger y HubSpot. En el blog de Hostinger se encuentra las entradas del blog ordenadas de forma cronológica, muestra un extracto del contenido, imagen destacada y autor de la entrada.

Ilustración 29, página del blog de Hostinger. Captura de pantalla hecha por la autora (2023).

El blog de HubSpot, es más elaborado y no se limita solo a mostrar sus entradas, sino que muestra agrupa las entradas por categorías de distinta índole como: recientes, recomendados y por temática. Eso suele ser común en sitios muy amplios, que como HubSpot tiene cientos de publicaciones en su blog, esa es una manera de organizar esa información para que sea fácil de navegar y encontrar por parte del usuario.

Ilustración 30, página del blog de HubSpot. Captura de pantalla hecha por la autora (2023).

MARKETING VENTAS GESTIÓN DE CLIENTES SITIO WEB Buscar... Suscribirse Obtener HubSpot gratis

Visita los blogs de HubSpot

Marketing
Ideas, inspiración y tendencias para los profesionales de marketing modernos.

Ventas
Sé más eficiente, vende más rápido y mejor.

Gestión de Clientes
Ayuda a tus clientes para ser exitosos.

Sitio web
Todo lo que debes saber para crear un sitio web eficaz.

Ilustración 31, categorías de blogs disponibles en el sitio web de HubSpot. Captura de pantalla hecha por la autora (2023).

Mientras en el blog de Alfombras Publicitarias, se muestra de manera totalmente diferente a lo habitual, además que se encuentran algunas inconsistencias gramaticales como formular una pregunta sin signos de interrogación o escribir con minúscula la primera letra de una oración interrogativa. Entonces es necesario corregir esto y pensar en un diseño, no necesariamente una plantilla, que se adecúe de mejor manera a la presentación de entradas de blog.

Consejos de diseño para alfombras con logotipos personalizados

BIENVENIDOS
Baguete
¿Por qué utilizar alfombras publicitarias de tráfico pesado o alto en Bares u Hoteles?

¿Una alfombra con logo incrustado?

Ilustración 32, página del blog de Alfombras Publicitarias. Captura de pantalla hecha por la autora (2023).

Ayuda y Documentación: en algunos casos puede ser necesario que el usuario necesite ayuda, si es así el usuario debe poder hallar de forma fácil dicha ayuda y que no sea extensa en lo posible. En el sitio web de Alfombras Publicitarias no se halló ninguna sección sobre preguntas frecuentes o FAQ's o alguna sección que respondiera a posibles preguntas que los usuarios podrían realizarse respecto al servicio de mandar a hacer una alfombra, cómo realizar un pedido, etc. Solo se halló en el pie de página o footer, la misma información que en la cabecera de página o header:

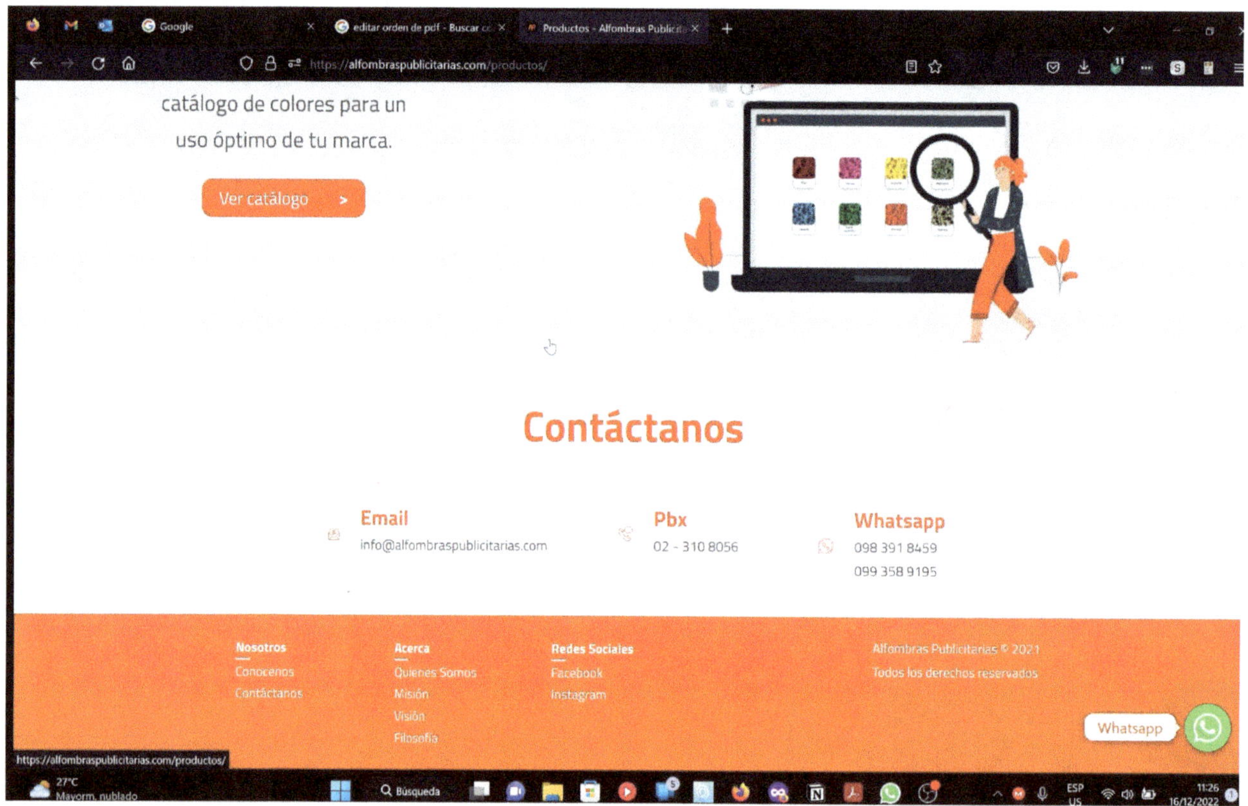

Ilustración 33, pie de página o footer de Alfombras Publicitarias, donde se repite lo mismo que en la cabecera, no hay enlace a alguna documentación de ayuda. Captura de pantalla hecha por la autora (2023).

En la segunda inspección que fue en base a una plantilla de evaluación heurística de Elastic Heads, un Estudio de diseño de productos digitales en Madrid, España. La puntuación de usabilidad obtenida tras dicha inspección manual fue 58/100 que corresponde a un nivel moderado de usabilidad, lo cual significa que, los usuarios no deberían tener muchos problemas de usabilidad destacables en el uso del sitio web de Alfombras Publicitarias, aunque la experiencia se puede mejorar. Para ver la evaluación e informe completo de la misma, se puede acceder al mismo en el "Anexo D" en la página 211. Así que a continuación, se presentan los resultados que se obtuvieron:

Tabla 8

Resultados obtenidos de la evaluación heurística aplicada al sitio web de Alfombras Publicitarias.

Categoría	Puntuación Obtenida	Puntuación Total	Porcentaje
Características y Funcionalidades	6,4	15	37,65%
Home / Primera pantalla	7,2	10	72,00%
Navegación	21	26	80,77%
Búsqueda	3,6	14	25,71%
Feedback	4,8	8	60,00%
Formularios	10	13	76,92%
Prevención y recuperación de Errores	5,4	13	41,54%
Contenidos y textos	5,4	17	31,76%
Ayuda	1,8	9	15,00%
Rendimiento	9,4	11	85,45%

Tabla 9

Guía de resultados de usabilidad de la evaluación heurística.

Clasificación	Rangos de Puntuación	Definición
Muy Baja	Menor que 29	Es probable que los usuarios experimenten dificultades graves de uso y no puedan completar una cantidad significativa de tareas importantes.
Baja	Entre 29 y 49	Es probable que los usuarios experimenten algunas dificultades de uso y no puedan completar algunas tareas importantes.
Moderada	Entre 50 y 69	Los usuarios no deberían tener muchos problemas de usabilidad destacables en el uso de este producto digital. Sin embargo, la experiencia de usuario podría mejorar.
Buena	Entre 70 y 89	Los usuarios deberían poder utilizar este producto digital con relativa facilidad y deberían poder completar la gran mayoría de las tareas importantes.
Excelente	Mayor que 89	Este producto digital tiene una usabilidad extraordinaria. Los usuarios deberían poder completar todas las tareas importantes.

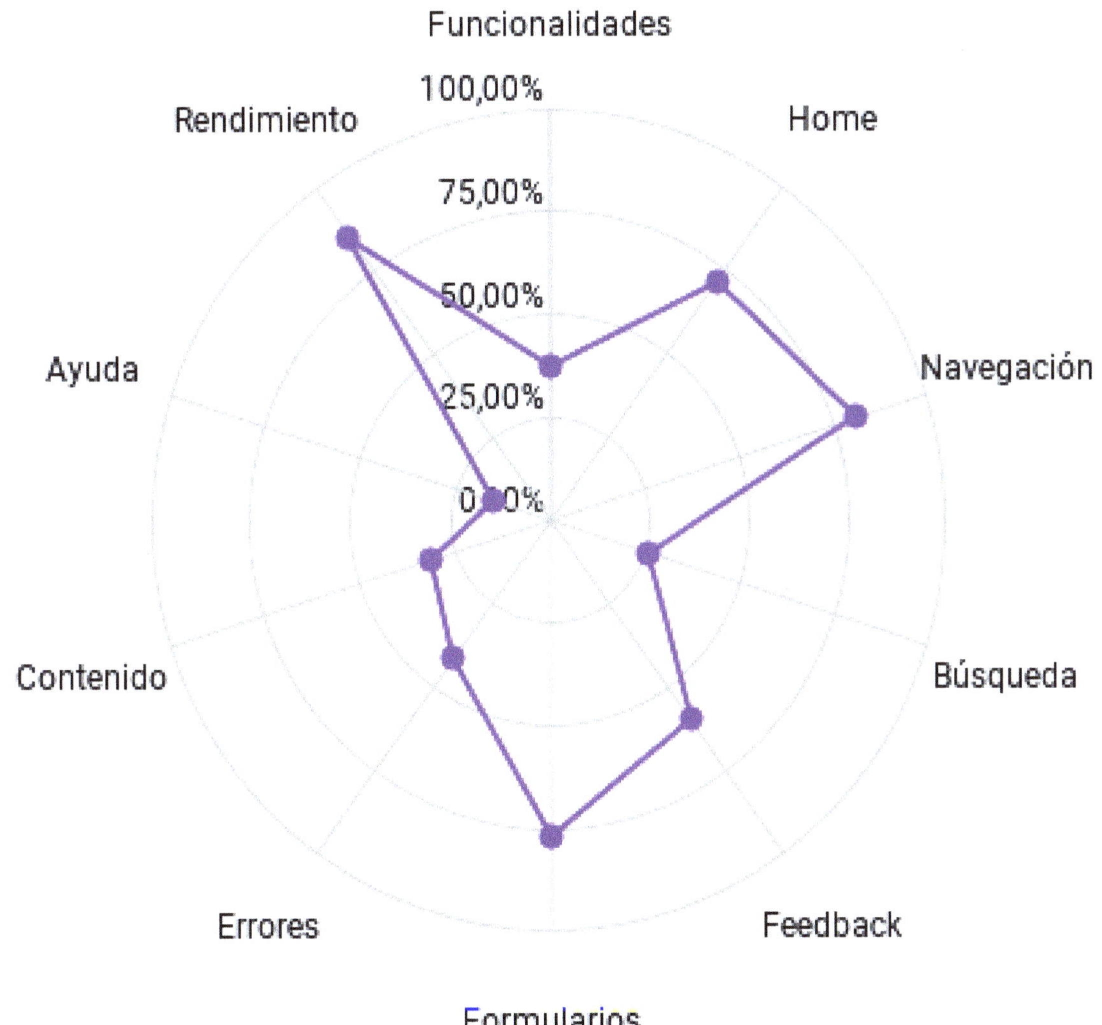

Ilustración 34, gráfico de radar con los resultados de usabilidad de la evaluación heurística de Alfombras Publicitarias.

4.1.4. Test de usabilidad al sitio web actual

Se invitó a cinco usuarios nuevos a participar de un test de usabilidad, para identificar los errores de usabilidad del actual sitio web de Alfombras Publicitarias y cuáles son los principales problemas que experimentan los usuarios al navegar allí. El test realizado fue un test remoto moderado, pues no se realizó dentro de un laboratorio con la situación controlada, sino en los lugares donde se encontraban los usuarios y el facilitador se conectó con ellos vía remota.

A cada usuario se envió el link del sitio web y se solicitó que se conecten por video conferencia, activaran su micrófono para que mientras realicen la prueba piensen en voz alta, y compartan su pantalla para poder visualizar las acciones que hacen en tiempo real. El facilitador estaría observando vía remota la sesión en silencio, haciendo anotaciones de los aspectos más importantes y al final haría algunas preguntas sobre aspectos que llamaron su atención y preguntas subjetivas como: ¿Cuál fue el nivel de dificultad que usted presentó navegando en el sitio web? Y ¿Cómo calificaría su satisfacción con el sitio web en una escala del 1 al 3?

Esa información solo como dato extra. Aunque se realizó un test remoto moderado, se mantuvo el rigor de la investigación y por ello los usuarios participantes llenaron un documento donde cedían su consentimiento para poder grabar la sesión, dichas hojas de consentimiento, junto con las grabaciones se pueden hallar en la "Anexo E" en la página 212.

Con este test de usabilidad se pudo determinar ¿Cómo los usuarios usaban el sitio web?, ¿Por qué lo utilizaban? Y encontrar errores de usabilidad tanto críticos como no críticos.

Los resultados obtenidos del test de usabilidad fueron los siguientes:

- Se confundieron algunos usuarios sobre el país de ubicación del negocio, algunos al ver la bandera de España en el selector de idiomas, creyeron que el sitio provenía de ese país.
- Algunos usuarios tuvieron conflicto para comprender la sección de «descubre como realizar tu compra on-line» porque empezaba de forma desordenada y avanzaba demasiado rápido los slides o pasos.
- Algunos creyeron que el sitio web integraba una tienda en línea o eccomerce porque en la sección de «descubre como realizar tu compra on-line» al leer compra on-line, comenzaron a buscar con la mirada dónde estaba el carrito de compras.
- En la sección de «Contáctanos» al final de cada página del sitio, algunos no sabían qué significa Pbx e ignoraban ese medio de contacto.
- A la mayoría de los usuarios les causó una

buena impresión y atisbo de confianza al ver que en el carrusel de productos (alfombras), la empresa ha elaborado trabajado para clientes reconocidos como Nike.

- Otro aspecto que les brindó confianza fue en la sección de «ventas y envíos» ver que la empresa tiene más de 10 años de experiencia y la cantidad de ventas que ha realizado.
- En la página de productos no logran distinguir la diferencia entre productos, y el catálogo de los mismos debería ser visible a simple vista.
- Los usuarios confunden la marca de AP con Duramat, no saben qué es o qué relación tiene con Alfombras Publicitarias (AP).
- No existen categorías de productos, está desordenado y no comprenden las diferencias y tipos de productos entre sí.
- No conocen los métodos de pago disponibles, y solo escribir al WhatsApp de la empresa para preguntar lo ven un poco tedioso si no están realmente interesados.
- Los titulares de las entradas del blog son confusos, y algunos no tienen sentido como «Consejos de diseño para alfombras» si el usuario encarga una alfombra, la empresa se encarga del diseño.
- El sitio no da indicios de las ofertas o promociones del negocio para que le incentive comprar una alfombra.

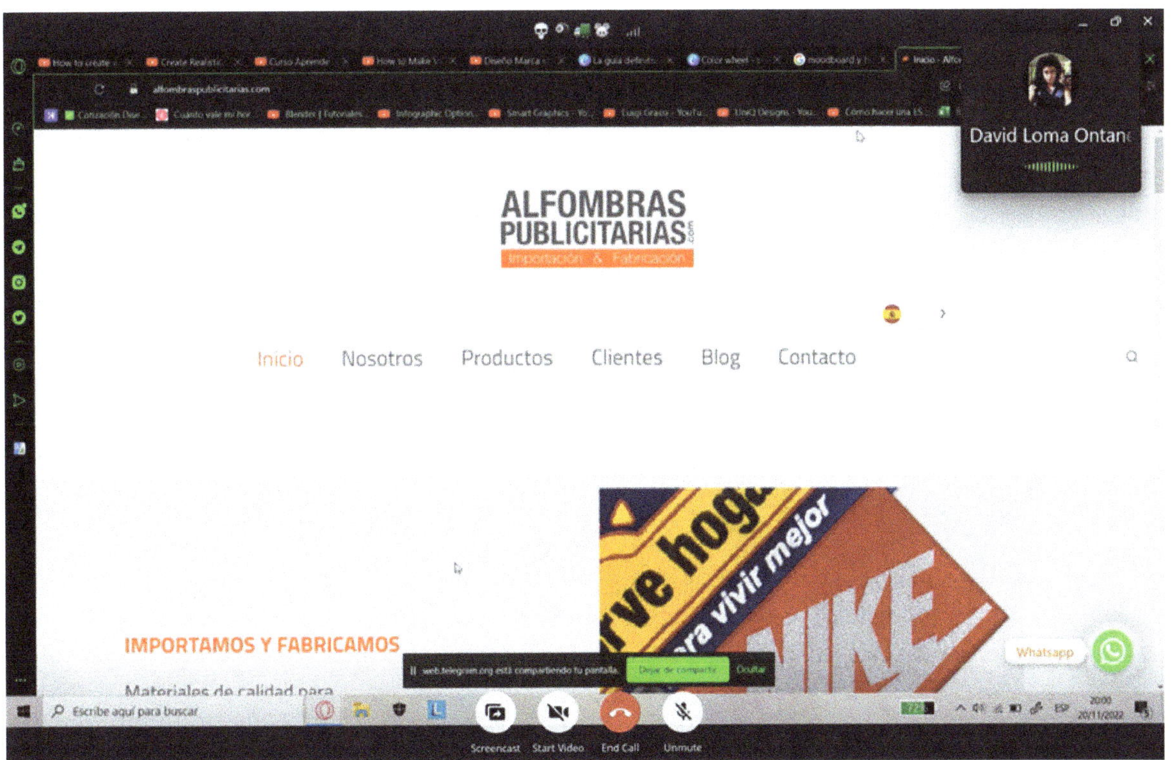

Ilustración 35, sesión de test de usabilidad remota con un usuario participante. El test se realizó usando la app de Telegram para compartir pantalla y micrófono. Captura de pantalla tomada por la autora.

4.2. ETAPA 2: ESTRATEGIAS Y EMPATÍA CON EL USUARIO

En base a la información analizada en la fase de investigación, con datos y hechos reales se pudo tomar decisiones fundamentadas para realizar el mejor rediseño web del sitio Alfombras Publicitarias. Entre los procesos de diseño que se llevaron a cabo se encuentran los siguientes que se explican a continuación:

4.2.1. Diagrama de Afinidad

Tras toda la información recopilada por la investigación es momento de divergir y converger (ver en el capítulo sobre metodología de trabajo, Proceso de Doble Diamante del *Design Thinking*), es decir, analizar y ordenar toda la información, para ello se usó el diagrama de afinidad, esto para categorizar los datos basándose en la relación que tienen entre sí, para así encontrar la afinidad que hay entre los *insights* de la investigación, a partir de características comunes entre ellos, y luego analizarlos.

Este ejercicio consiste en usar blocs de notas y escribir en cada nota un tema o tópico, de tal manera que el resultado son decenas de notas con los temas más importantes obtenidos de la investigación que tocará agruparlos por afinidad, por ello las ventajas del diagrama de afinidad son:

- Interiorizar la información de la investigación
- Mostrar un mapa con toda la información de la investigación
- Categorizar los temas principales del proyecto
- Encontrar afinidad en conclusiones de distintas fuentes

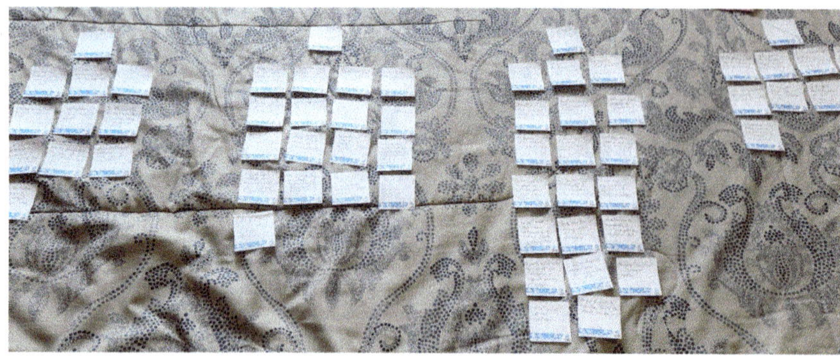

Ilustración 36, diagrama de afinidad de Alfombras Publicitarias, resultado tras agrupar los temas por relación común entre ellos.

4.2.2. Arquetipos y User Personas

Reciben diversos nombres como «personae» que proviene del idioma latín, también «fichas de persona» o solamente como «personas», pero suele ser más conocido por su denominación anglo-española: user persona. El cual consiste en crear personajes ficticios que representan arquetipos de los usuarios que son el público objetivo, dicha información se obtiene de la investigación de usuarios o user research, donde se identificaron los patrones de comportamiento y características del público objetivo o *target* en inglés.

En el proyecto de rediseño web de Alfombras Publicitarias se recolectó información suficiente durante la fase de investigación para la creación de arquetipos de usuarios o user personas, que representan a posibles usuarios del sitio web. Con la investigación realizada y la información ordenada, se pudo determinar características, comportamientos y patrones comunes entre los usuarios.

En la investigación se determinó que son tres tipos de público, pero se debe determinar qué nivel de prioridad debe tener cada persona porque «lo que es bueno para un segmento de clientes no es bueno para otro (...) pero priorizarlos de forma estratégica permite mejores concesiones cuando se presentan necesidades conflictivas de los usuarios» **(Kim Salazar, Nielsen Norman Group, 2022b, sc. 1:23 Using Personas to Prioritize Features)**, no existe una forma única de priorizar y categorizar personas, ello es en base a las necesidades del negocio y usando la rúbrica de puntuación de características de Nielsen Norman Group, se puntuará:

- -1 lastima a la persona
- 0 ni ayuda ni lastima a la persona
- +1 ayuda a la persona
- +2 crítico para la persona

Dichos puntajes al final se sumarán o restarán, para obtener un puntaje que indique el nivel de priorización de los tres user personas identificados para Alfombras Publicitarias.

Tabla 10

Rúbrica de puntuación de características de Alfombras Publicitarias

Características	User Personas		
	Darío	James	Alfonso Pérez
alfombras corporativas	+2	0	0
alfombras para domicilios	+1	+2	+1
material no procesado	0	0	+1
asesoría técnica	+1	-1	+1
asesoría personalizada	+2	+1	0
consejos de compra	+1	+2	0
Costos de envío	+1	+2	-1
Tiempo de fabricación	+2	0	+1
Materiales de fabricación importados	+1	0	+1
Maquinaria propia	+1	0	+1
Atención en local comercial	+2	+2	+2
Atención por canales de contacto	+2	+2	+2
Muestrarios de materiales y colores	+2	0	+2
Muestrarios de productos	+1	+2	0
RESULTADO	**19**	**13**	**11**

1. El resultado wes claro, el usuario prioritario es aquel que quiere adquirir alfombras publicitarias o personalizadas para su local comercial.
2. Mientras en segundo lugar se encuentra el usuario que busca una alfombra sea o no personalizada para su domicilio, busca productos ya hechos o personalizados.
3. En tercer lugar, se encuentra el usuario distribuidor, que puede comprar material no procesado para materia prima sea para revender o para fabricar alfombras, o comprar alfombras ya elaboradas para revender.

1. Arquetipo de usuario corporativo: buscan alfombras publicitarias para su negocio

Darío, propietario de una compañía

Busco presentar de la forma más profesional mi negocio a mis clientes.

Descripción

Darío es dueño de su propio negocio, el cual ha crecido y tiene varias sucursales en Quito. Le agrada que su negocio se muestre profesional ante su público. Por ello busca que todas sus sucursales tengan una ambientación corporativa acorde a su línea de negocios.

Datos demográficos

- Tiene 35 años
- Trabajador autónomo
- Vive en Quito
- Soltero y sin hijos

Necesidades y Objetivos (Motivaciones)

Una alfombra corporativa, que muestre el logo de su negocio.

Una alfombra que soporte las pisadas de decenas o cientos de personas que transitan a diario en sus locales.

Una asesoría sobre el tipo de producto que le conviene a su establecimiento.

Expectativas (Gains)

Minimizar los riesgos de caídas y resbalones en sus locales comerciales.

Mantener alejado el polvo y suciedad de su local, para no gastar mucho en limpieza.

Un producto duradero, de fácil y económico mantenimiento.

Frustraciones (Pains)

Personas que ingresan a sus locales dejando sucio el suelo.

Tener accidentes de resbalones y caídas que han terminado en reclamos, demandas y malas reseñas.

Los lugares con más afluencias de personas dentro de sus locales, han dejado el suelo muy desgatado y tiene que gastar para reponerlo.

Tareas (Tasks)

- Buscar información sobre alfombras en distintos sitios web de internet.
- Contactar a las empresas que considere más relevantes en la fabricación o encargo de alfombras.
- Solicitar cotizaciones y gastos de envío, para conocer el promedio de precios.
- Indagar sobre los métodos de pago y si requiere de instalación las alfombras.

2. Arquetipo de usuario particular: buscan alfombras personalizadas para su hogar

James, abuelo que ama a sus nietos pequeños

Amo a mi familia y quiero lo mejor para su bienestar.

Descripción

James es un hombre veterano y jubilado que vive en Guayaquil, sus hijas lo visitan dos veces al mes por vivir muy lejos. Cuando ellas van, se quedan el fin de semana y llevan a sus hijos, los nietos pequeños de James. Quienes a veces jugando se empujan o se caen de la cama, estrellándose contra el suelo de cerámica. Lo cual a James le preocupa pues quiere que su casa sea un lugar seguro para ellos.

Datos demográficos

- Tiene 60 años
- Jubilado
- Vive en Guayaquil
- Divorciado, 2 hijas y 4 nietos

Necesidades y Objetivos (Motivaciones)

Quiere una alfombra personalizada para la habitación de sus nietos, que amortigüe las caídas de ellos.

Vive en otra provincia y desconoce los costos de envío que tendrá que asumir por el envío de la alfombra.

Quiere que sus nietos pequeños puedan jugar sin temor a que se caigan lastimen.

Expectativas (Gains)

Conseguir un producto que amortigüe las caídas de sus nietos.

Un producto de buena calidad, aunque sea un poco caro.

Un producto que no luzca intrusivo en su hogar.

Un producto con temática infantil, para que sus nietos se sientan a gusto.

Frustraciones (Pains)

Le disgusta cuando sus nietos se accidentan jugando en su casa, desea tener un lugar seguro para ellos.

No sabe cuál tipo de protección en el suelo debe colocar para amortiguar la caída de sus nietos.

Solo encuentra piezas de foami para pisos, que tendría que instalar solo cuando vengan sus nietos.

Tareas (Tasks)

- Buscar en varios locales de la ciudad por opciones de alfombras.
- Indagar por precios de venta y envío.
- Limpiar o dar mantenimiento a la alfombra cada cierto tiempo.

3. Arquetipo de usuario distribuidor: busca ser distribuidor local o nacional

Revendedor Alfonso Pérez, intermediario entre el productor y consumidor

Busco los mejores fabricantes y productos para vender y distribuir.

Descripción

Alfonso Pérez tiene ya 20 años siendo revendedor o distribuidor de productos como son las alfombras y tapetes. Hace compras tanto al por mayor y por menor, para venderlas a los clientes finales.

Datos demográficos

- Tiene 20 años en el mercado
- Es distribuidor en Quito y algunas ciudades principales del Ecuador

Necesidades y Objetivos (Motivaciones)

Buscar productos de calidad que pueda revender.

Comprar alfombras al por mayor y por menor a un precio cómodo de revendedor.

Expectativas (Gains)

Encontrar precios cómodos para revender y obtener un porcentaje de utilidad.

Contar con planes de pago.

Compras al por menor no muy costosas.

Frustraciones (Pains)

Precios muy elevados.

Encargarse él mismo del envío.

Tareas (Tasks)

- Buscar por internet a empresas fabricantes de alfombras.
- Solo compran material ya procesado, no en bruto.
- Contactarlos y negociar los productos para un precio de revendedor.
- Tener un nicho de mercado o público objetivo a quien revender.
- Solicitar el envío o él mismo retirar la mercancía.

4.2.3. Escenarios de usuarios

Los user personas ayudan a personificar cómo son los usuarios, pero es imprescindible el contexto de los usuarios para comprender cuáles son sus verdaderas necesidades y actitudes, para definir su comportamiento, pues no son solo estadísticas de cuánto porcentaje usa ordenador de escritorio o teléfono móvil, sino ¿Cómo lo usan?, ¿Por qué los usan?, ¿En qué casos lo usan? Y demás preguntas de investigación según el caso. Un ejemplo es que no es lo mismo usar el teléfono móvil dentro de la casa, que dentro de un bus de transporte público.

Los escenarios ayudan a definir funcionalidades, un ejemplo es Telegram, donde la versión móvil y la versión PC tienen distintas opciones según el dispositivo, pues en el móvil llegan las notificaciones de Chats Secretos, mientras en PC no, solo llegan las notificaciones de chats normales. Esto porque Telegram identificó que el móvil es usado por parte de los usuarios de forma mucho más personal y privada, además que una PC tiene una pantalla enorme comparada a un móvil y sería muy fácil de ver así sea de reojo a cualquier persona que no es el usuario, las notificaciones del chat secreto de Telegram.

Los escenarios de usuarios reciben distintos nombres según la finalidad, pero la esencia o finalidad son iguales, estas son:

- **User Stories:** son descripciones cortas y esquemáticas que resumen la necesidad concreta de un usuario al utilizar un producto o servicio, así como la solución que satisface. Se enfoca en: diseño centrado en el usuario y resultado objetivo.
- **Jobs to be done:** son descripciones cortas que describen en los problemas y necesidades, pero enfocadas en la situación del usuario, junto con los resultados que obtendrá usando el producto. Se enfoca en: situación o motivación del usuario y el resultado es más emocional.

Entonces, en base a los arquetipos de usuarios identificados y user personas descritas como posibles usuarios del sitio web Alfombras Publicitarias, se describe el escenario de usuario de cada user persona, junto con un resumen usando de forma combinada los user stories con los Jobs to be done, que resulta *user + job stories.*

Escenario de Uso del User Persona 1: Darío, propietario de una compañía

Era invierno en Quito, eso implica muchas lluvias producto del calor de esa época. Muchos clientes que entraron a un local de Darío dejaron sucio de lodo la entrada del local, colocaron papel periódico para retener un poco la humedad, pero éste con las pisadas se deshizo en pedazos, provocando más suciedad.

Entonces entró una mujer con tacones muy altos, que por el lodo de la entrada del local sufrió una caída y por sus tacones, le provocó un esguince que se le hizo muy doloroso ponerse de pie, se molestó con Darío como dueño del local y dijo que lo demandaría por los daños, tendría que pagarle la consulta con el médico y medicinas que le receten.

Eso resultó en un gasto para su negocio, que se pudo evitar y una mala reseña por la publicidad de boca en boca. Así que Darío se puso a preguntar a colegas cómo lidiaban con ese tipo de situaciones y le recomendaron el uso de alfombras, así que Darío empezó a investigar en internet y descubrió sus muchos beneficios, que no es solo decoración.

User + Job Stories del User Persona 1:

COMO	Darío, propietario de una compañía
CUANDO	Ingresan clientes a mi negocio
QUIERO	Tener una alfombra con mi logo a la entrada
PARA	Dar una presentación profesional, evitar accidentes por resbalones y mantener limpio el área de ingreso.

Escenario de Uso del User Persona 2: James, abuelo que ama a sus nietos pequeños

Uno de los nietos de James jugando se cayó de la cama y se pegó en la cabeza, el doctor le aconsejó que colocara una alfombra para que amortigüe las caídas y evitar raspones. Los nietos de James aún son muy pequeños, él quiere un producto que sea amigable para ellos.

Ha buscado en internet y solicitado cotizaciones en distintos lugares, los mejores productos los fabrican en Quito, pero él vive en Guayaquil. No quiere viajar más de 8 horas solo para ver, así que le preocupa los gastos de envío que tenga que asumir.

Ha buscado alfombras en su ciudad, pero solo encuentra diseños repetitivos y los de temática infantil los ve un poco complejos de instalar como es el foami que debe medir y cortar. Él quiere algo simple, que no luzca intrusivos en su hogar y sea confortable para sus nietos. Le gustaría una asesoría para saber cuál es el tipo de alfombra que le conviene, y que le proporcionen muestrarios para ayudarle a elegir.

User + Job Stories del User Persona 2:

COMO	James, abuelo que ama a sus nietos pequeños
CUANDO	Recibo visitas de mis nietos pequeños
QUIERO	Evitar accidentes como caídas que puedan sufrir por jugar
PARA	No sufrir sustos ni contratiempos por que puedan lastimarse

Escenario de Uso del User Persona 3: Revendedor Alfonso Pérez, revendedor

Alfonso siempre revendía alfombras de tela, ya que su nicho de mercado eran las personas que buscaban alfombras para los dormitorios. Hasta que vinieron varias mujeres preguntando si vendía alfombras de material atrapamugre, pues necesitaban alfombras para sus cocinas y entradas al patio, donde hay mucho polvo y tierra, allí las alfombras de tela son inútiles.

Alfonso perdió varios clientes por no disponer de ese tipo de alfombras, así que decidió investigar en internet por fabricantes de este tipo de alfombras para negociar y que le provean de esas alfombras ya procesadas.

User + Job Stories del User Persona 2:

COMO	Alfonso Pérez, revendedor
CUANDO	Mis clientes necesitan alfombras para la humedad y polvo
QUIERO	Tener en stock esas alfombras además de las alfombras de tela
PARA	No perder clientes por falta del producto que buscan

4.2.4. Mapa de empatía

Una de las etapas del Design Thinking es empatizar, pero para eso es necesario realizar una investigación sobre los usuarios o user research, con dicha información se podrá realizar un mapa de empatía. Dicha herramienta permite crear una visión común sobre los pensamientos, las necesidades y las influencias de los usuarios.

Es similar a realizar un user persona, pero no es un método de recogida de datos, sino una herramienta ayuda a entender, plasmar y visualizar lo que el diseñador cree que piensan los usuarios, para así empatizar con ellos. Por ello, los principales aportes de esta herramienta al diseño centrado en el usuario son:

- Comprender la situación de los usuarios e influencias.
- Mostrar el motivo o porqué detrás de las acciones.
- Interiorizar la experiencia de los usuarios.

En Alfombras Publicitarias hay tres user personas, así que tendrá que un mapa de empatía por cada arquetipo, los cuales se presentan a continuación:

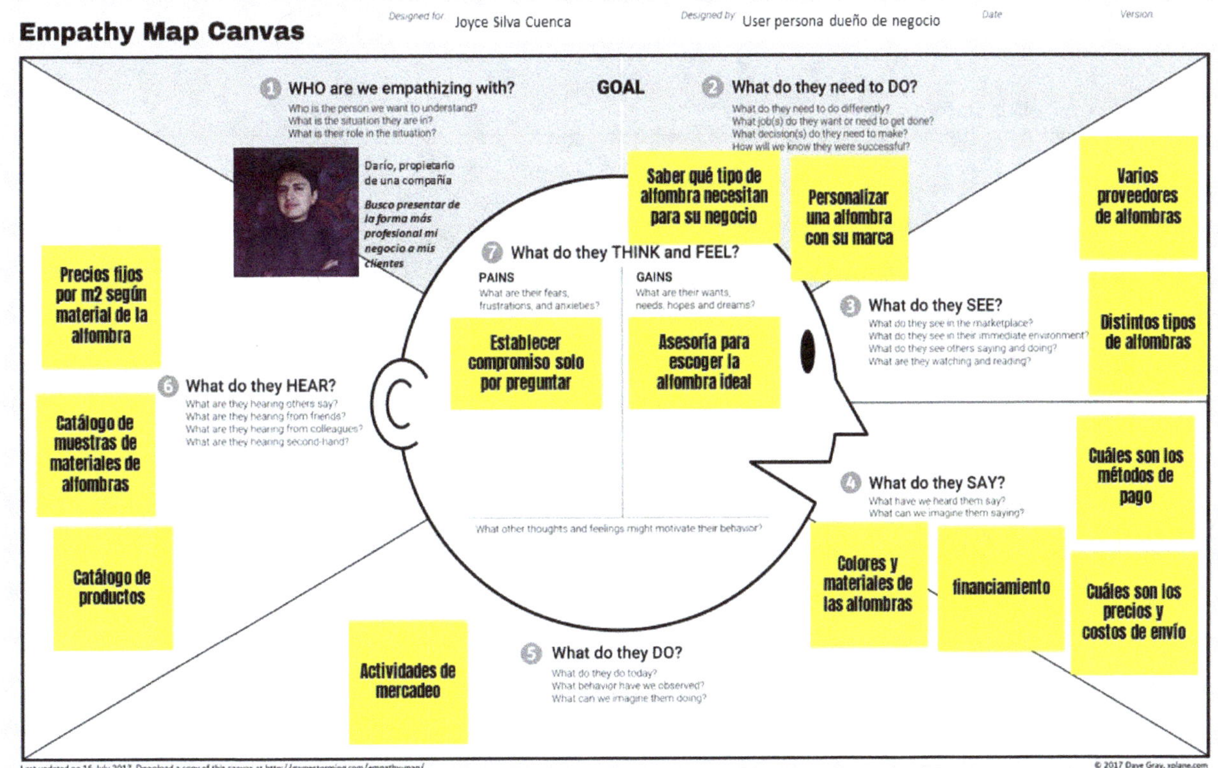

Ilustración 37, Mapa de empatía del user persona primario.

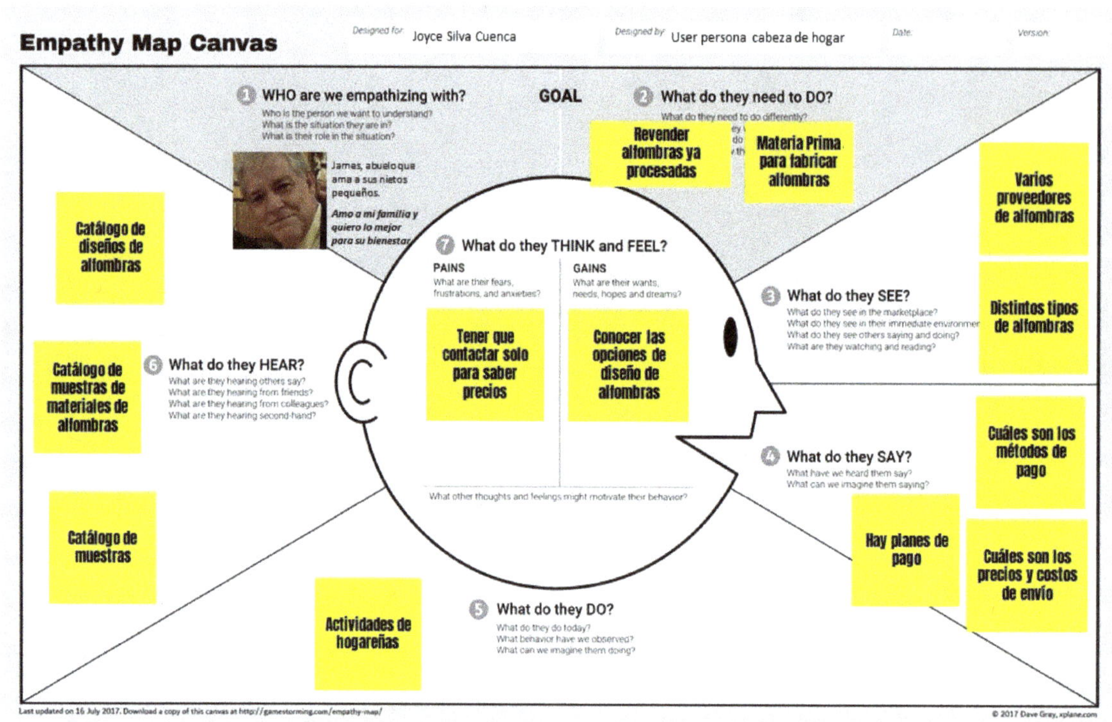

Ilustración 38, mapa de empatía del user persona secundario.

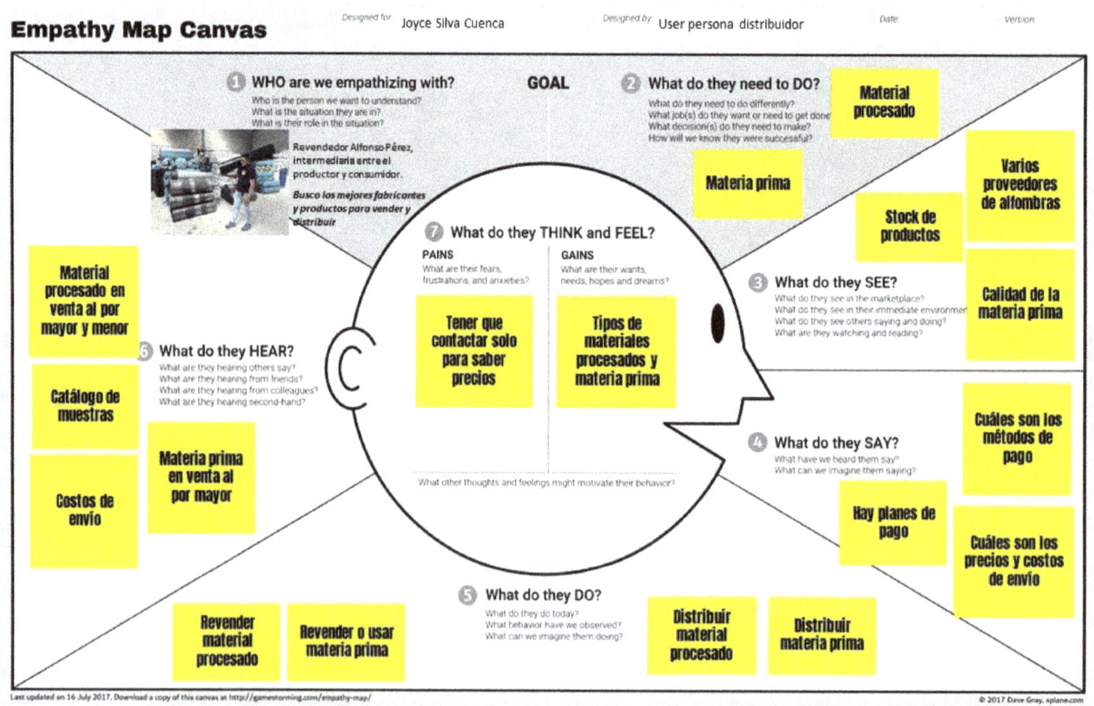

Ilustración 39, mapa del user persona terciario.

4.2.5. Viaje del usuario o User Journey

Reciben distintos nombres, pero más es conocido por sus denominaciones anglosajonas como: user mapping, proto journey o user journey. No se debe confundir con el BluePrint. El user journey es un mapa que muestra de forma visual el proceso que recorre el usuario al momento de realizar una tarea en el sistema, contempla desde la fase previa antes que ingrese al sistema, como la fase posterior una vez que se retira del mismo.

Se integra el proceso de un número de acciones, las cuales tienen un comienzo, trama y final, con la añadidura que muestra la experiencia del usuario, sea positiva o negativa presente en cada etapa. Donde el objetivo de esta herramienta y actividad es detectar los problemas y malas experiencias que puede tener el usuario, esos son los puntos críticos, de los cuales se obtienen oportunidades de diseño para idear soluciones, las cuales serán aportes que definirán las funcionalidades a integrar en el producto para cada solución.

En Alfombras Publicitarias hay tres user personas, se realizaron proto jourey que son un versión reducida, simple y directa del user journey. Además, que se realizaron tres proto journey porque hay tres tipos de usuarios, los cuales se presentan a continuación:

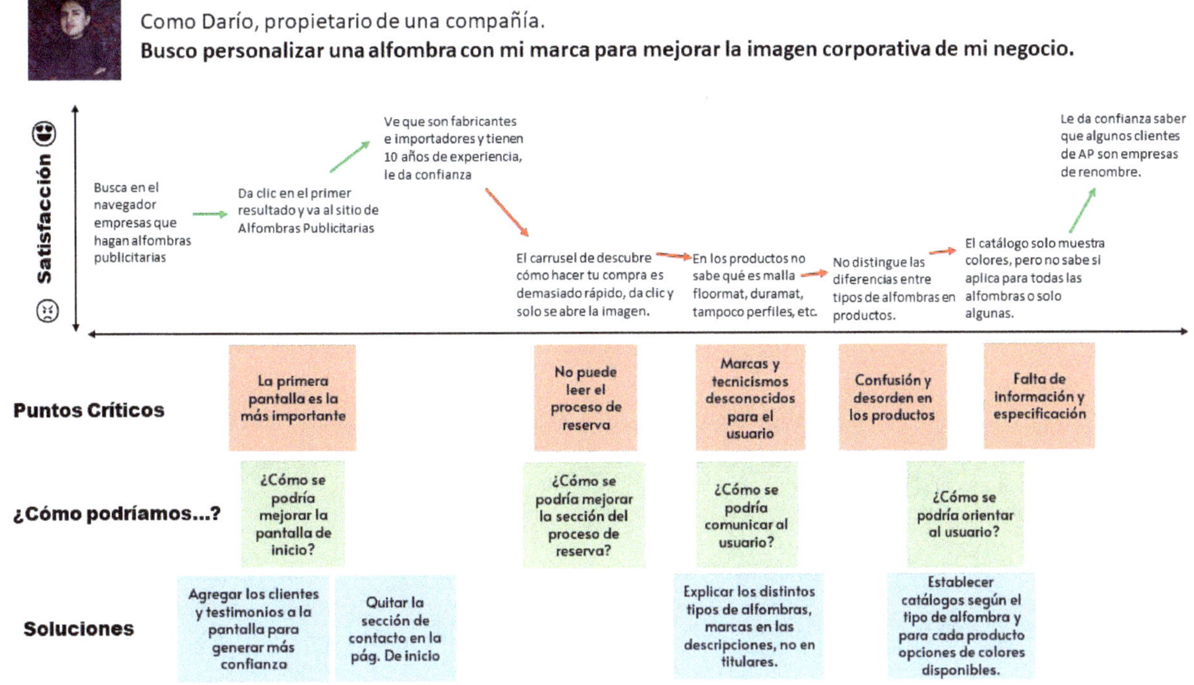

Ilustración 40, proto journey del user persona primario.

Como James, abuelo que ama a sus nietos pequeños.

Quiero lo mejor para el bienestar de mi familia y prevenir accedentes en lo posible.

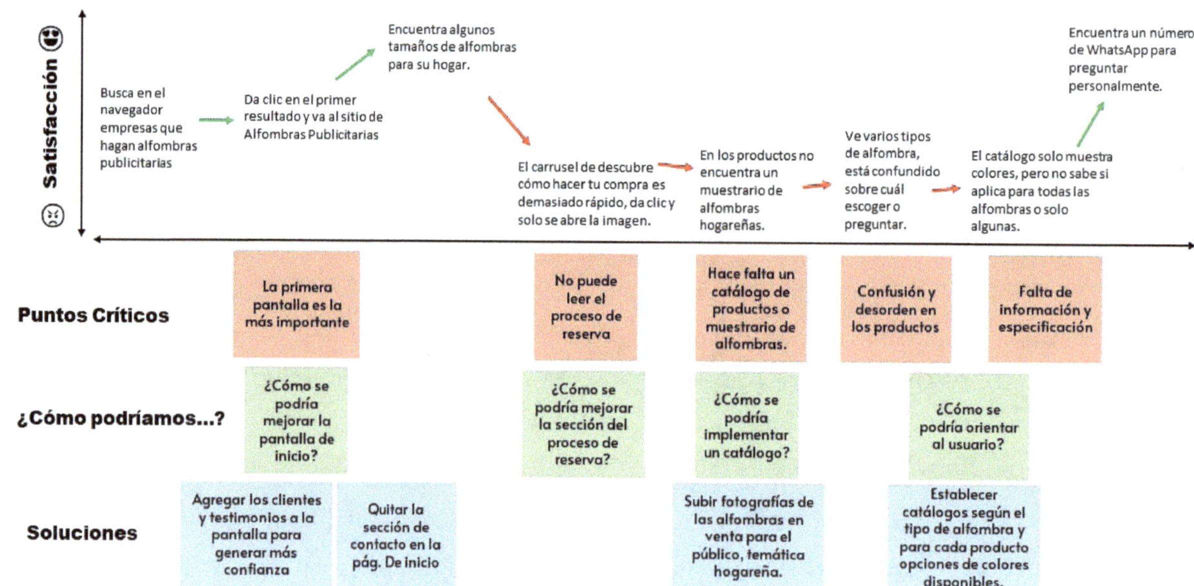

Ilustración 41, proto journey del user persona secundario.

Como Revendedor Alfonso Pérez, intermediario entre el productor y consumidor.

Busco los mejores fabricantes y productos para vender y distribuir.

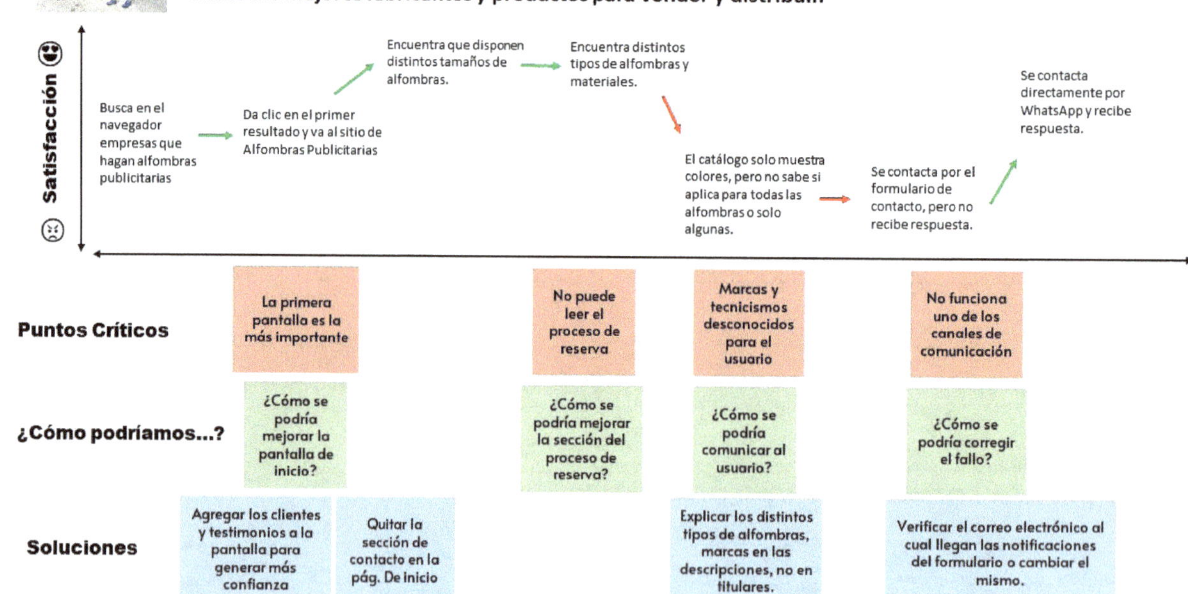

Ilustración 42, proto journey del user persona terciario.

4.3. ETAPA 3: DESCRIPCIÓN DEL PRODUCTO DIGITAL

El rediseño del sitio web a realizar para la empresa ecuatoriana Alfombras Publicitarias, no debe ser confundida con una tienda en línea o *eccomerce* (en inglés), pues una tienda en línea integra un inventario de categoría de productos para que el usuario realice sus órdenes de compra. Mientras que en el sitio web de AP solo se presenta los servicios y productos que tienen a disposición del público, que para adquirirlos se debe contactar o acudir al establecimiento comercial de la empresa Alfombras Publicitarias.

Esta decisión de no integrar un carrito de compras es porque la línea de negocios de la empresa Alfombras Publicitarias es realizar alfombras personalizadas, lo cual no se puede realizar solo seleccionando opciones para personalizar una alfombra y agregar al carrito para ordenar una en línea. No, el servicio de personalización de alfombras consiste en los siguientes pasos:

1. Los clientes contactan preguntando sobre las alfombras publicitarias o personalizadas, y solicitan cotizaciones.
2. Si el cliente ya es especialista en el tema de materiales y calidades, solicita la que necesita, pero cuando no es así, AP asesora al cliente sobre el tipo de material de alfombra que mejor se ajuste a sus necesidades, para ello los asesores de AP necesitan conocer ciertas características del cliente, por ejemplo:
    a. Si es una alfombra para el interior de una oficina donde el tránsito promedio de personas es de 10 o 20 al día, le recomendarán una alfombra Atrapamugre que sea de tráfico residencial o tráfico alto, pues resisten hasta mil pisadas al año y no necesita tanta resistencia como una alfombra para exteriores.

    a. Si es una alfombra para un restaurante que está en el malecón de una playa, en una zona expuesta a la intemperie, que recibe cerca de cien visitantes de forma diaria y un porcentaje de ellos llegan mojados, además de ingresar arena por estar cerca de la playa. A ese cliente le recomendarán una alfombra Malla de tráfico extrapesado, por ser resistente al agua y soportar hasta treinta mil pisadas al año. Así evita accidentes a causa de resbalones y el ingreso excesivo de arena al local, además que necesitarán tomar las medidas de la entrada de ese local.
3. Si el cliente continúa con el proceso y decide encargar una alfombra personalizada,

deberá proporcionar el archivo de su logo y elegir los colores de un muestrario para realizar simulaciones gráficas de cómo se vería su alfombra, con distintos modelos o versiones que solo una deberá aprobar.

3. Una vez aprobada la simulación gráfica, se procede a fabricar la alfombra, para y según la solicitud puede o no incluir bordes anti-tropiezo en la alfombra.
3. Entonces se gestiona el pedido y se envía a su destino.

Por estas razones no es viable realizar una tienda en línea para Alfombras Publicitarias, pues como se explicó, **es necesaria la intervención de los asesores de AP para la evaluación del contexto y necesidad implícita del cliente para determinar el tipo de alfombra que éste necesita, en especial porque hay clientes que no son especialistas en el tema y necesitan una orientación para elegir el producto que necesitan.** Cosa que en una tienda en línea no sería viable, pues solo los usuarios expertos o especializados podrían hacer pedidos, mientras el resto o no los hace, o realiza pedidos incorrectos con materiales que no son los ideales y luego vienen los reclamos por la mala experiencia con el producto. No porque el producto sea de mala calidad, sino que ordenaron uno que no se ajustaba a sus verdaderas necesidades.

Un ejemplo sería, que una persona ordene una alfombra tapizón de tráfico alto para un centro comercial que tiene en promedio un tráfico mil personas al día, esa alfombra se despedazaría en cuestión de semanas, el cliente tiene una mala experiencia, siente que malgastó su dinero y se lleva una mala imagen de la empresa, cuando en realidad fue que hizo un mal pedido porque desconocía del tema, debió solicitar una alfombra de atrapamugre de tráfico extra-pesado.

Entonces, después de tener todos los datos de la investigación ordenados y clasificados, extraer los *insights* de la misma, realizar los procesos de ideación y empatía con el usuario, se obtienen sólidas bases para realizar propuestas de diseño y proponer soluciones para el desarrollo del producto digital para Alfombras Publicitarias. Ahora se integra al trabajo de investigación las fases de diseño, donde se estructura, maqueta y define el contenido y las indicaciones de cómo realizar un producto digital acorde a las necesidades detectadas, alineadas con los objetivos comerciales del negocio e integrando la usabilidad y experiencia del usuario. Esos temas se explican en los apartados que se encontrarán más adelante.

4.3.1. Diseño Adaptativo

El usuario y los objetivos comerciales del negocio deben estar en perfecto equilibrio y sintonía, en la investigación de usuarios o *user research* se detectó que existen tres arquetipos de usuarios, quienes tienen tanto sus diferencias como similitudes, por ello se consideró realizar un diseño adaptativo para cada usuario, no confundir con adaptable. Pues el diseño adaptativo facilita la posibilidad de ajuste de los productos para satisfacer las necesidades de los usuarios, es decir, el producto se adapta al usuario. Mientras el diseño adaptable es cuando el producto es capaz de cambiar de forma interactiva, es decir, el usuario es capaz de cambiar el producto.

Entonces, en la sección de productos se creó cuatro categorías de productos, porque estas categorías responden al arquetipo de usuarios, pues:

- El **arquetipo de usuario corporativo** busca una alfombra personalizada para su negocio, busca opciones para personalizar y fabricar una alfombra a sus necesidades.
- En el **arquetipo de usuario particular**, hay dos opciones:
  - Busque un catálogo para comprar alfombras ya fabricadas.
  - Quiere personalizar una alfombra a su gusto, como infantil, temática, etc.
- El **arquetipo de usuario distribuidor** compra al por mayor o por menor, debe contactarse directamente con la empresa de Alfombras Publicitarias para valoración, esa información no se puede compartir de forma pública en el sitio web. Existen dos tipos de usuario de este arquetipo:
  - Quien compra material no procesado, suele ser especialista en el tema.
  - Compra material ya procesado o alfombras para revender, puede no ser especialista en el tema.

Por ello se crearán 4 tipos de categorías en la sección de productos, esto para satisfacer las necesidades de cada arquetipo de usuario identificado:

- **Alfombras Publicitarias:** opciones tipos de alfombra que se puede personalizar, materiales, usos y características como alfombras para interior y exterior, para ambientes secos y húmedos, resistencia de pasos, etc. Este usuario no es especialista, así que se el lenguaje, tono e imágenes a emplear son de carácter explicativo.
- **Tapetes Decorativos:** catálogos de alfombras de varias categorías como alfombras a blanco y negro, a color, etc. Dichas alfombras se encuentran a la venta y disponibles en el local comercial de Alfombras Publicitarias, no es una tienda en línea, solo es un

muestrario de productos, pues la empresa AP no quiere publicar los precios de sus productos en su sitio web, eso se averigua contactando directamente con ellos.

- **Rollos Atrapamugre y Rollos Malla:** se presentan los materiales no procesados (para fabricación de alfombras) que tiene AP, se enfoca a usuarios distribuidores quienes son especialistas y por ello tiene un lenguaje con tecnicismos, aunque para quienes no lo sean, hay ejemplificaciones de uso de los materiales.

4.3.2. Sistema de Diseño para la interfaz de usuario

El sistema de diseño más conocido por su denominación anglosajona *design system*, no es exclusivo del diseño UX o UI, pues está presente en los manuales de marca, proyectos de *branding*, señaléticas de aeropuertos y demás.

El sistema de diseño consiste en un conjunto de elementos jerarquizados y reutilizables que se lleva a cabo en las etapas de planeación del producto digital, ya que se define cómo se conformarán los módulos, grillas, tipo de interfaz, diseño y usabilidad del producto digital. Entonces, el sistema de diseño consiste en crear una guía de estilo que establezca las reglas, limitaciones y cómo implementar tanto en el código como en el diseño de interfaz, así permitir a los distintos equipos que intervengan en el producto digital prototipar y desarrollar el mismo, manteniendo la consistencia y coherencia.

Entonces, el sistema de diseño que se desarrolló para el rediseño del sitio web de Alfombras Publicitarias consta de los elementos como variaciones de su logo, tipografía, color y retículas. El cual se desarrolló en el programa de Figma y se puede encontrar en el "Anexo F" en la página 212, aunque estos componentes también se presentan a continuación:

Sistema de Diseño

DE ALFOMBRAS PUBLICITARIAS

Por Joyce Michelle Silva Cuenca

LOGO

El identificador gráfico de la marca debe estar presente y ser reconocible dentro del producto del digital, pues muestra a los usuarios que se encuentran en el sitio web o app correctos.

Imagotipo

VERSIÓN CROMÁTICA (HORIZONTAL Y VERTICAL)

PRINCIPAL

SECUNDARIO

VERSIÓN ACROMÁTICA

POSITIVO

NEGATIVO

Isotipo

VERSIÓN CROMÁTICA

VERSIÓN ACROMÁTICA

POSITIVO

NEGATIVO

COLOR

Los colores corporativos permiten reconocer, personificar la marca, y contribuir a la consistencia del sistema.
El color naranja representa alegría y optimismo, mientras el gris neutralidad y formalidad.

Colores Corporativos

#FF5E2B
RGB: 255 94 43
CMYK: 0% 83% 98% 0%

#696969
RGB: 105 105 105
CMYK: 59% 50% 50% 18%

PRINCIPALES

#ffdfd5
#ffbfaa
#ff9e80
#ff7e55
#ffffff

#c3c3c3
#a5a5a5
#878787
#000000

SECUNDARIOS

Variaciones de la marca

COLOR DE FONDO

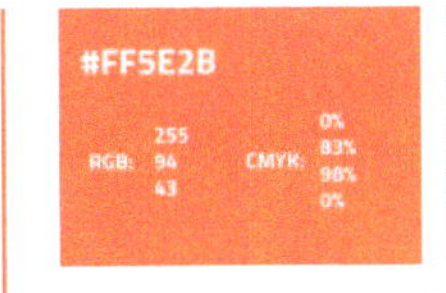

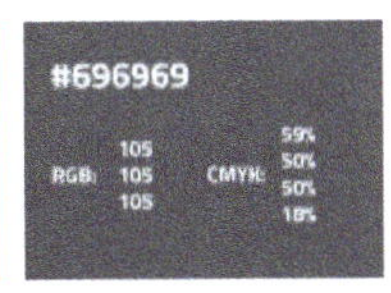

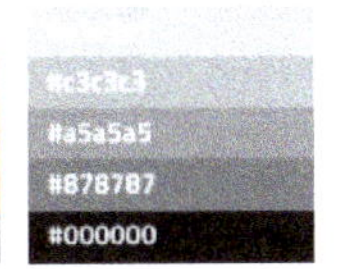

COLOR DE RELLENO

TIPOGRAFÍA

La familia de fuente tipográfica es Titilium Web, una fuente sin serifa, de palo seco, moderna e inspira el tono y personalidad de la marca.

Titilium Web

Esta fuente tipográfica cuenta con varios pesos, de los cuales se explica el correcto uso de los mismos:

Titular H1, H2
50px - Titilum Web Bold and Bold Italic

Titular H3, H4
25px - Titilum Web Bold and Bold Italic

Titular H5, H6
24px - Titilum Web SemiBold and SemiBold Italic

Cuerpo de Texto
22px - Titilum Web SemiBold and SemiBold Italic

Botones y Enlaces
22px - Titilum Web Bold and Bold Italic

Conceptos básicos del Tipo

Los elementos como consistencia, jerarquía y alineación, la lectura cómoda, longitudes de la línea dentro de los contenedores, titulares apilados, se explican a continuación:

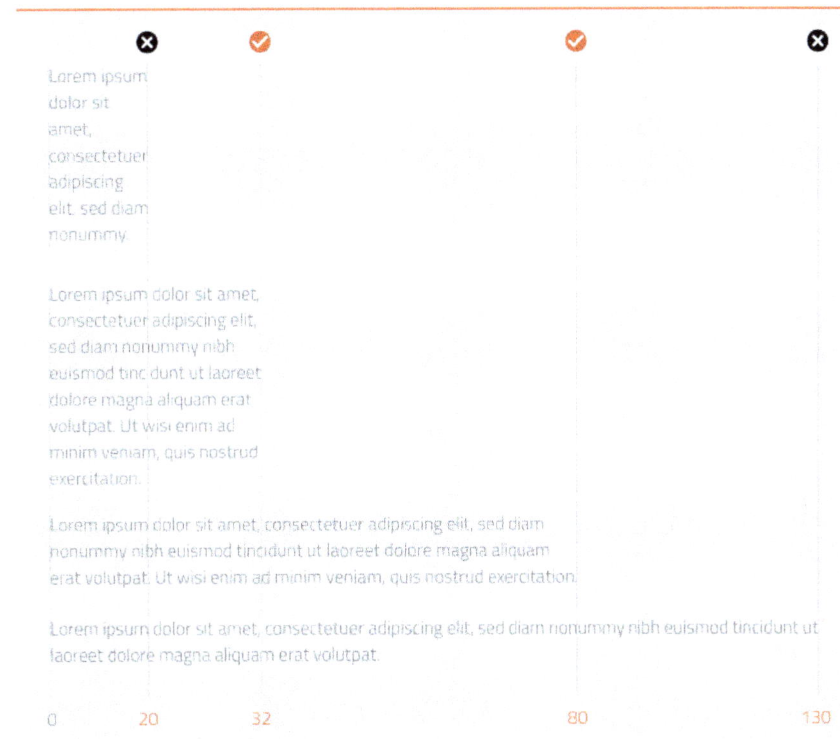
Lectura Cómoda
Lorem ipsum dolor sit amet, consectetuer adipiscing elit, sed diam nonummy.
Lorem ipsum dolor sit amet, consectetuer adipiscing elit, sed diam nonummy nibh euismod tincidunt ut laoreet dolore magna aliquam erat volutpat. Ut wisi enim ad minim veniam, quis nostrud exercitation.
Lorem ipsum dolor sit amet, consectetuer adipiscing elit, sed diam nonummy nibh euismod tincidunt ut laoreet dolore magna aliquam erat volutpat. Ut wisi enim ad minim veniam, quis nostrud exercitation.
Lorem ipsum dolor sit amet, consectetuer adipiscing elit, sed diam nonummy nibh euismod tincidunt ut laoreet dolore magna aliquam erat volutpat.
0
20
32
80
130

RETÍCULA

La grilla está compuesta por columnas, medianiles y márgenes que proveen una estructura para la distribuciómn de elementos en una página. Su función es para colocar elementos de forma consistente en todo el producto digital.

Computador - 16 columnas

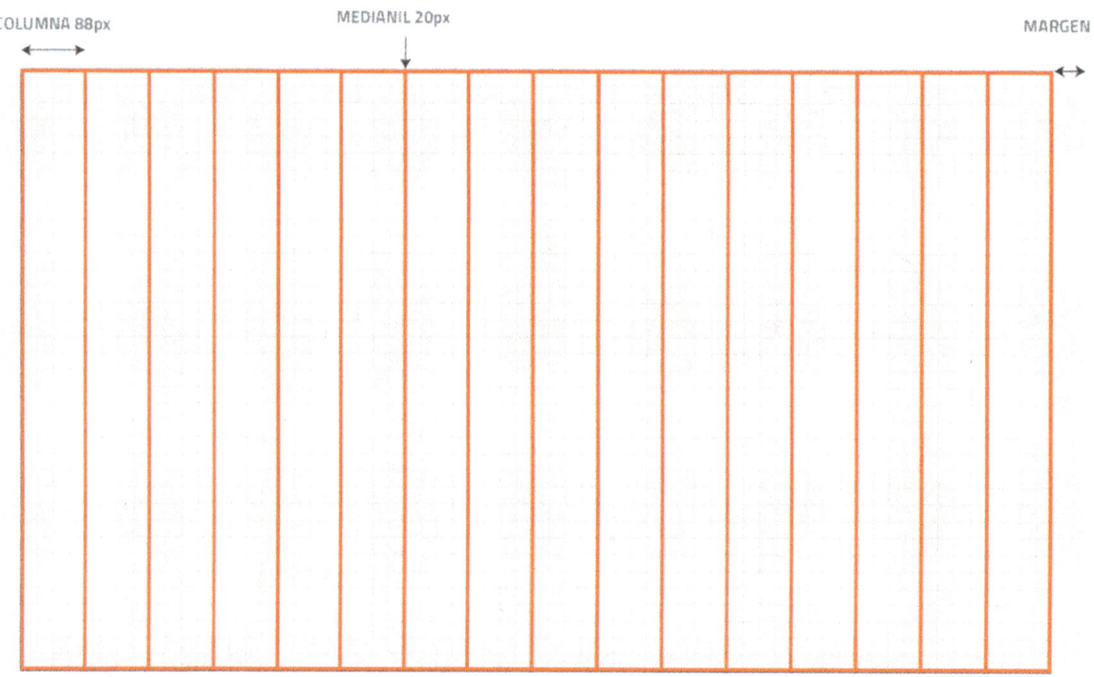

Tableta - 8 columnas

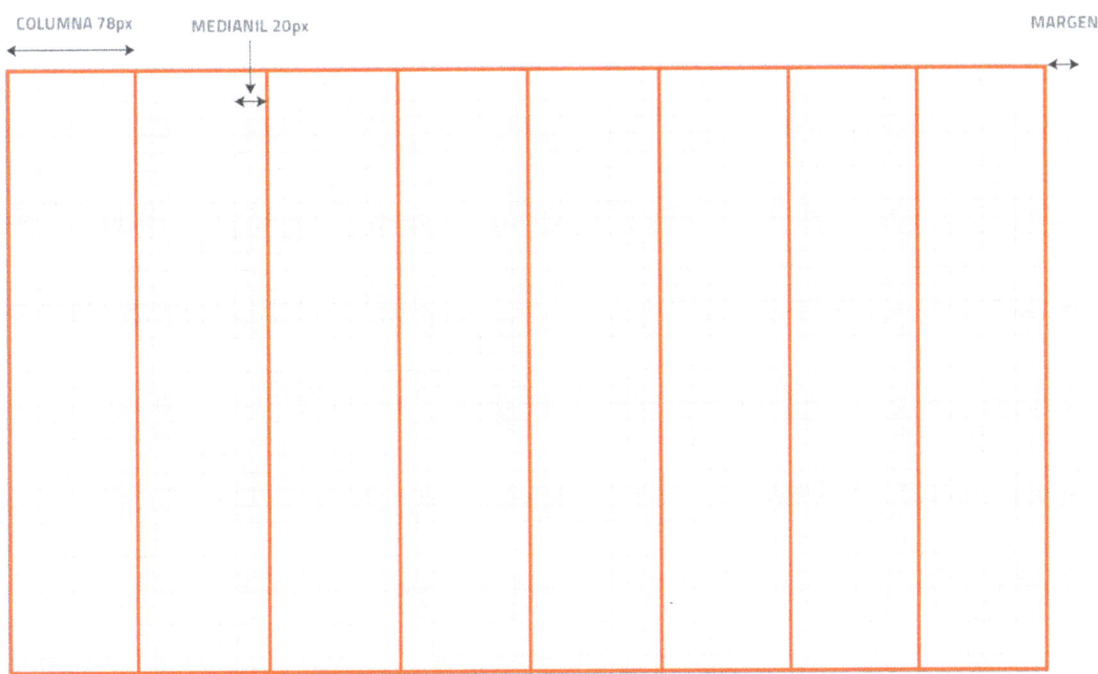

Celular - 4 columnas

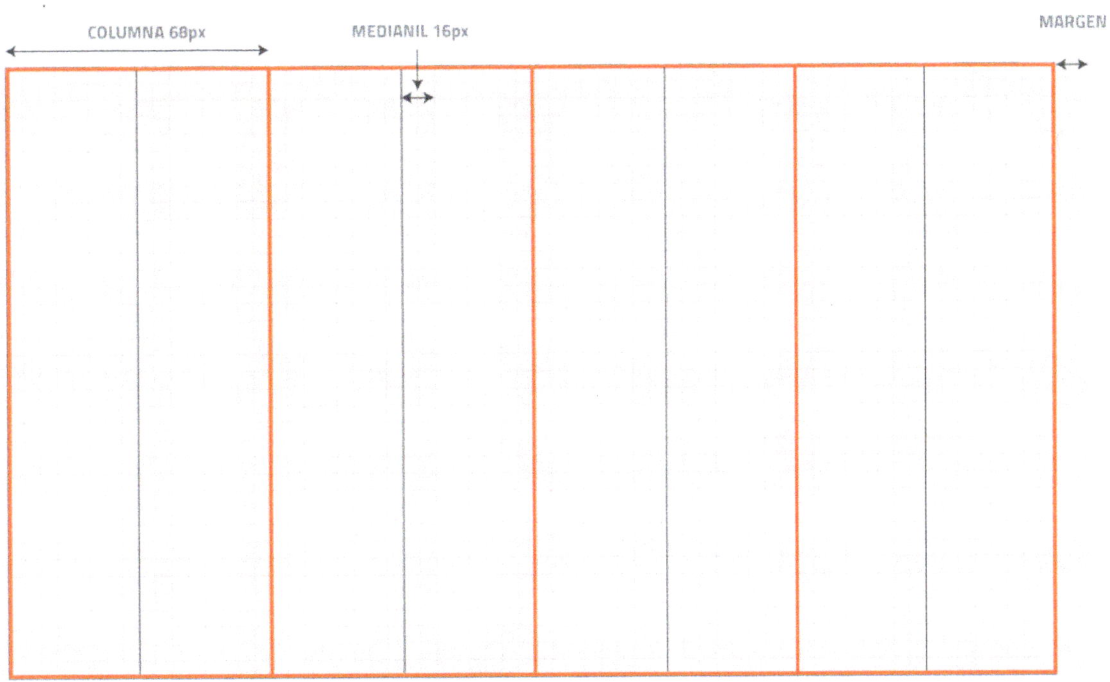

ESPACIADO

Los espacios ayudan a organizar, agrupar y jerarquizar la información, proporcionando a la misma ritmo y una estructura clara y definida.

Botones para texto e íconos

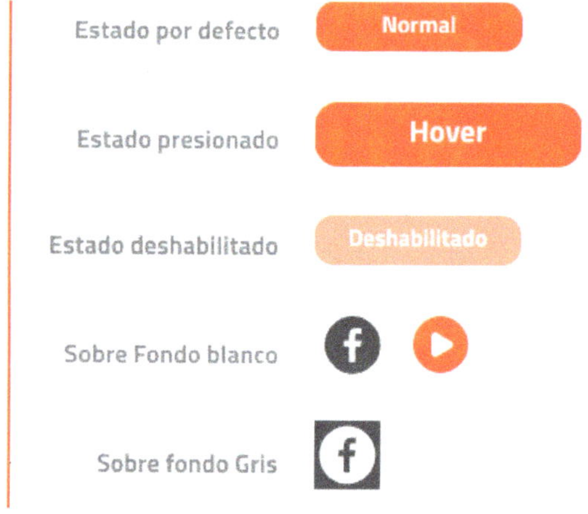

Imput

COMPONENTES UI

Los elementos que interactún con el usuario en la interfaz gráfica, proveen de información al usuario sobre el estado de las acciones que realice en la interfaz.

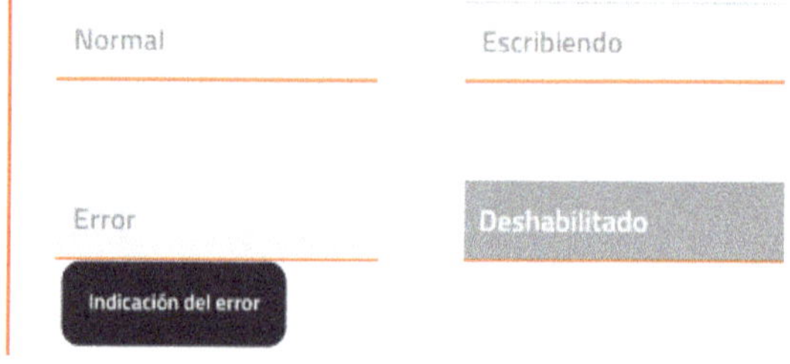

Dropdown

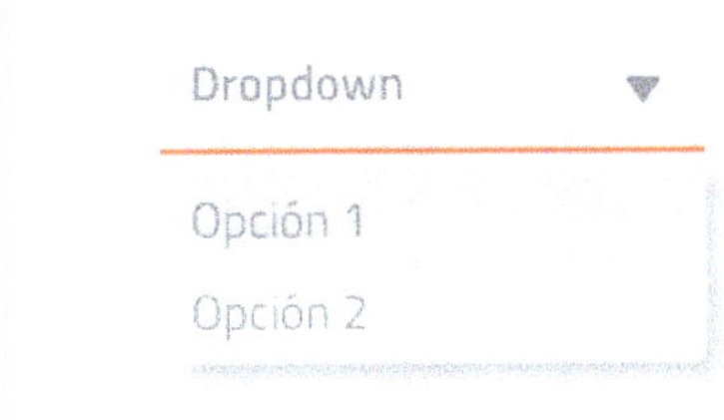

Selection Options

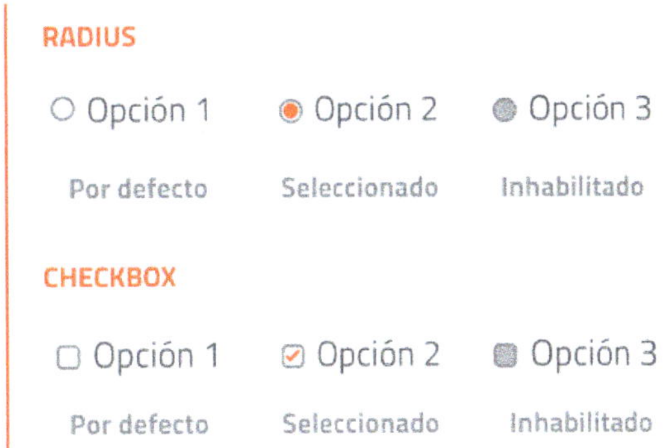

ÍCONOS

Los íconos son imágenes que simbolizan acciones o herramientas específicas en una interface. Para que mantegan coherencia entre sí, deben presentar las mismas reglas de estilo.

4.3.3. Mapa de sitio o Sitemap

Los mapas de sitio son más conocidos por su nombre anglosajón *sitemap*, son diagramas que muestran la estructura de un sitio web o aplicación. Muestran la cantidad total de páginas y su jerarquía, esto para comprender el tamaño del sitio web o app a crear y garantizar que los contenidos se encuentran en los lugares que los usuarios esperarían encontrarlos. Al referirse al tamaño no se refiere al peso, sino al tiempo con conllevará diseñar y desarrollar.

Las ventajas de usar un mapa de sitio es que:

- Brinda una visión general sobre la estructuración web y posibles contenidos.
- Ayuda a comprender y definir la navegación.
- Se Calcula el tamaño y el contenido que se necesita.

El mapa del sitio web de Alfombras Publicitarias conservó la misma estructura del sitio web original, pero se añadieron páginas de segundo nivel, esto en la página de productos, ya que había 4 categorías de productos que no podían ser abarcados en su totalidad dentro de una sola página general. Además, se suprimió una página que era sobre información de la empresa, pero dicho contenido se añadió a la página de Clientes, ya que los clientes y testimonios también forman parte de la trayectoria de la empresa. El mapa de sitio para el rediseño web de Alfombras Publicitarias fue el siguiente:

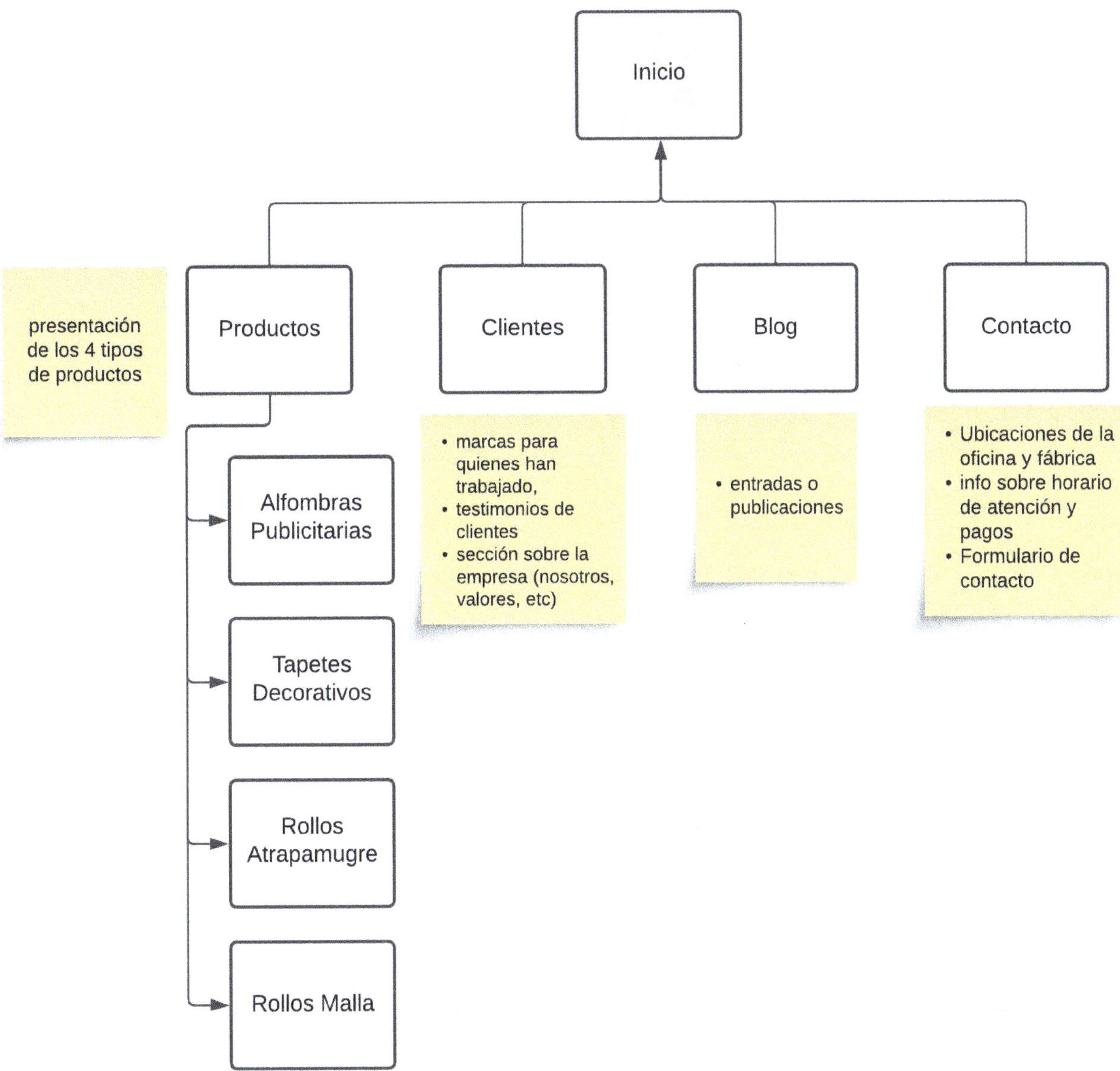

Ilustración 43, mapa de sitio del nuevo sitio web de Alfombras Publicitarias.

4.3.4. Flujo de Usuario o User Flow

El flujo de usuario o más conocido por su denominación anglosajona *User Flow*, es una representación visual del recorrido que hace un usuario para realizar una tarea específica en una aplicación o sitio web. Su utilidad es que determina el número de pasos que el usuario tendrá que realizar, por ello cada página debe tener un propósito.

Para el rediseño del sitio web de Alfombras Publicitarias, los flujos de usuarios responden a:

- ¿Cómo llega un usuario a las páginas de destino o conversión que es Contacto?
- ¿Cuántos pasos tiene el proceso para descargar el formulario de productos?
- ¿Qué puede hacer el usuario si llega a la página de Productos, Blog y Contacto?
- ¿Qué objetivo tienen esas páginas?
- ¿Qué se quiere que realice el usuario dentro del sitio web?

Entonces, la primera página a la cual accederán los usuarios es desde la página de Inicio, por ello una estrategia es desde esa página colocar botones que los redireccione a las páginas a las cuales se pretende que visiten, las cuales son: Productos y Contacto.

Se diseño el user Flow usando blocs de notas, las cuales tienen una simbología según el color, el mismo se presenta a continuación, pero también está disponible en la "Anexo G" en la página 212 para verlo mejor.

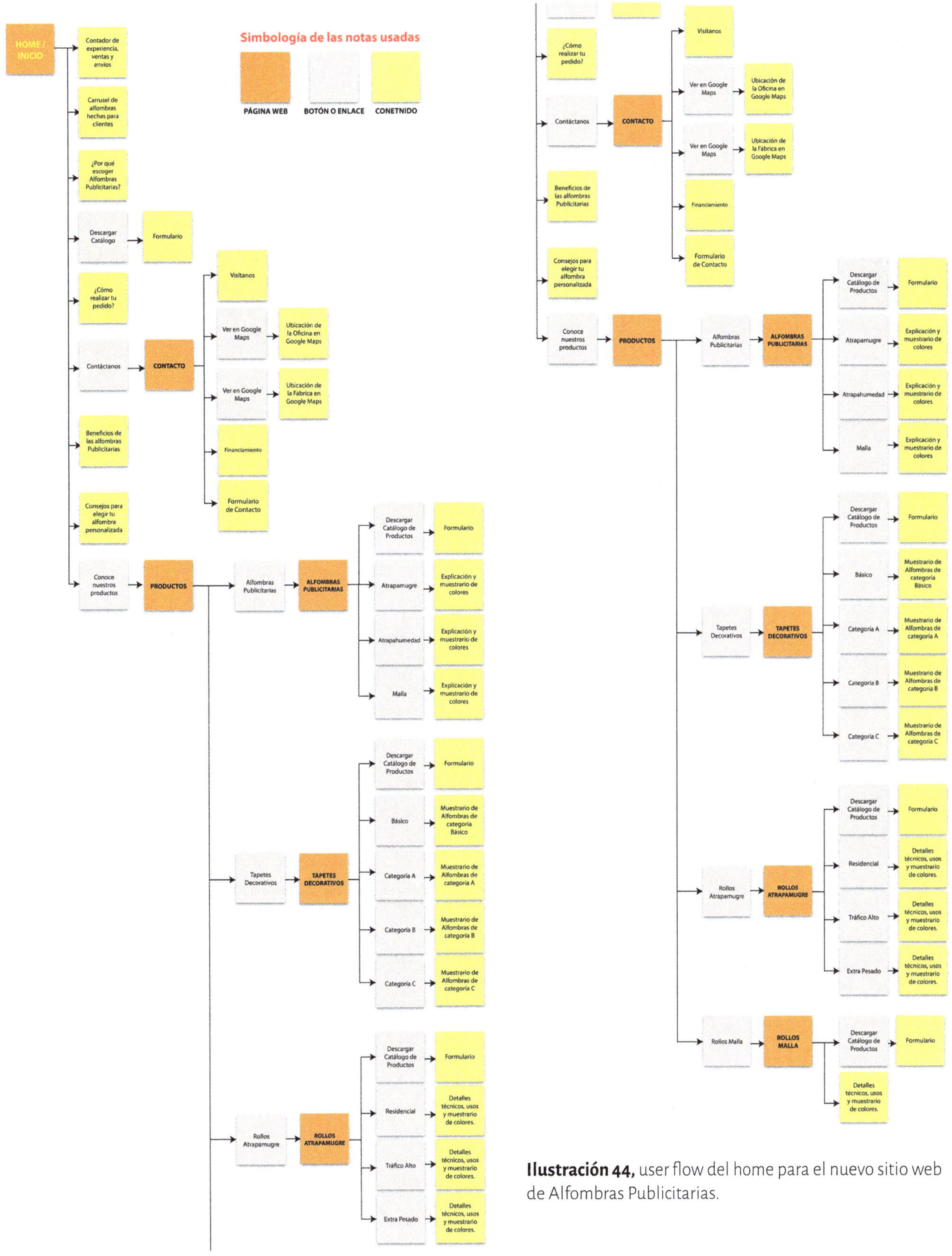

Simbología de las notas usadas

PÁGINA WEB
BOTÓN O ENLACE
CONETNIDO

HOME / INICIO
Contador de experiencia, ventas y envíos
Carrusel de alfombras hechas para clientes
¿Por qué escoger Alfombras Publicitarias?
Descargar Catálogo
Formulario
¿Cómo realizar tu pedido?
Contáctanos
CONTACTO
Visítanos
Ver en Google Maps
Ubicación de la Oficina en Google Maps
Ver en Google Maps
Ubicación de la Fábrica en Google Maps
Financiamiento
Formulario de Contacto
Beneficios de las alfombras Publicitarias
Consejos para elegir tu alfombra personalizada
Conoce nuestros productos
PRODUCTOS
Alfombras Publicitarias
ALFOMBRAS PUBLICITARIAS
Descargar Catálogo de Productos
Formulario
Atrapamugre
Explicación y muestrario de colores
Atrapahumedad
Explicación y muestrario de colores
Malla
Explicación y muestrario de colores
Tapetes Decorativos
TAPETES DECORATIVOS
Descargar Catálogo de Productos
Formulario
Básico
Muestrario de Alfombras de categoría Básico
Categoría A
Muestrario de Alfombras de categoría A
Categoría B
Muestrario de Alfombras de categoría B
Categoría C
Muestrario de Alfombras de categoría C
Rollos Atrapamugre
ROLLOS ATRAPAMUGRE
Descargar Catálogo de Productos
Formulario
Residencial
Detalles técnicos, usos y muestrario de colores.
Tráfico Alto
Detalles técnicos, usos y muestrario de colores.
Extra Pesado
Detalles técnicos, usos y muestrario de colores.

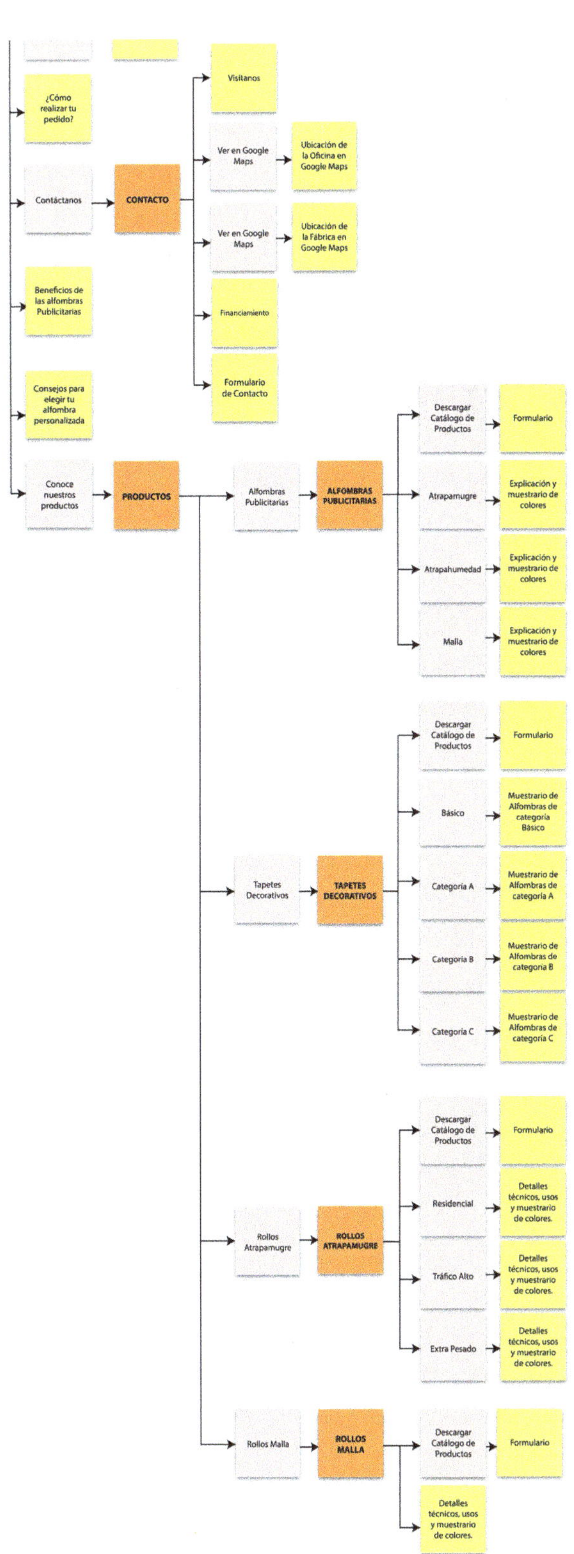

Ilustración 44, user flow del home para el nuevo sitio web de Alfombras Publicitarias.

4.3.5. Wireframes y Mockups

La creación de maquetas a través de *sketchs*, *wireframes* y *mockups* son una representación esquemática de un sitio web o aplicación, con la finalidad de recrear los artefactos y momentos que serán evaluados, para luego ser implementados. Se realizan distintas fases como son:

- **Sketches:** son bocetos a mano, es el primer bosquejo del proyecto digital y refleja las primeras ideas y opciones del proyecto. Su objetivo es iterar, trabajar rápido y enfocarse en la solución, sin distraerse por el diseño visual.

- **Wireframes:** (de baja fidelidad) son el esqueleto del diseño, representan la interfaz de usuario de forma simple, su objetivo es estructurar y maquetar los módulos de contenidos de forma rápida y sencilla, se presentan en escala de grises para no distraerse por el diseño visual. Ayuda a ahorrar tiempo y dinero, al permitir hacer modificaciones antes de implementar el producto digital.

- **Mockups:** son wireframes de alta fidelidad que muestran cómo será la interfaz de usuario (o interfaz gráfica), integra diseño visual como paletas de colores, tipografía corporativa, imágenes, etc. Además, que permite mayor al diseño de interacción y se puede usar como prototipos para testear. Se realizan una vez aprobados los wireframes de baja fidelidad, pues los mockups requieren de mucho tiempo para realizar.

Para el rediseño del sitio web de Alfombras Publicitarias, se realizaron solamente *wireframes* y *mockups*, se obvió la etapa de bocetaje, dado que, ya que no se empezaba de cero el proyecto, solo había que acomodar los nuevos bloques de contenido planteados. Los mismos se presentan a continuación:

Wireframe Página de Inicio

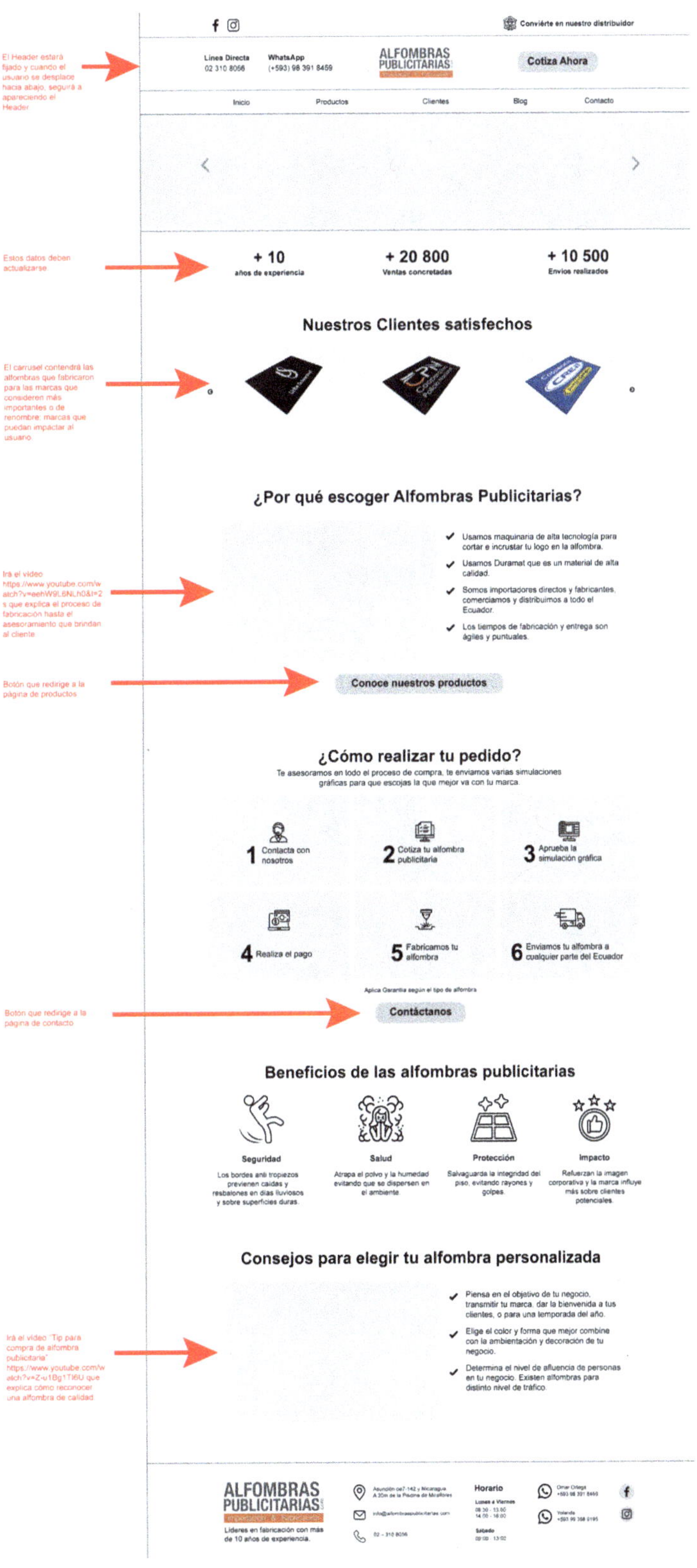

Wireframe Página de Productos

Cuando pasen el cursor sobre la imagen/botón de Alfombras Publicitarias, se revelará un texto, existen cuatro categorías dentro de la página de Productos:

- Alfombras Publicitarias: destinado para el user persona corporativo.
- Tapetes Decorativos: destinado para el user persona particular.
- Rollos Atrapamugre: destinado para el user persona distribuidor.
- Rollos Malla: destinado para el user persona distribuidor

Al hacer clic sobre Alfombras Publicitarias, será conducido a una nueva página donde se trata solo de ese producto, y se muestran tres botones que son el desglose de cada categoría que existe para las alfombras Publicitarias que son:

- Atrapamugre: alfombras ideales para el polvo.
- Atrapahumedad: alfombras pensadas para humedad o secarse los pies.
- Malla: alfombras para piscinas o con mucha agua.

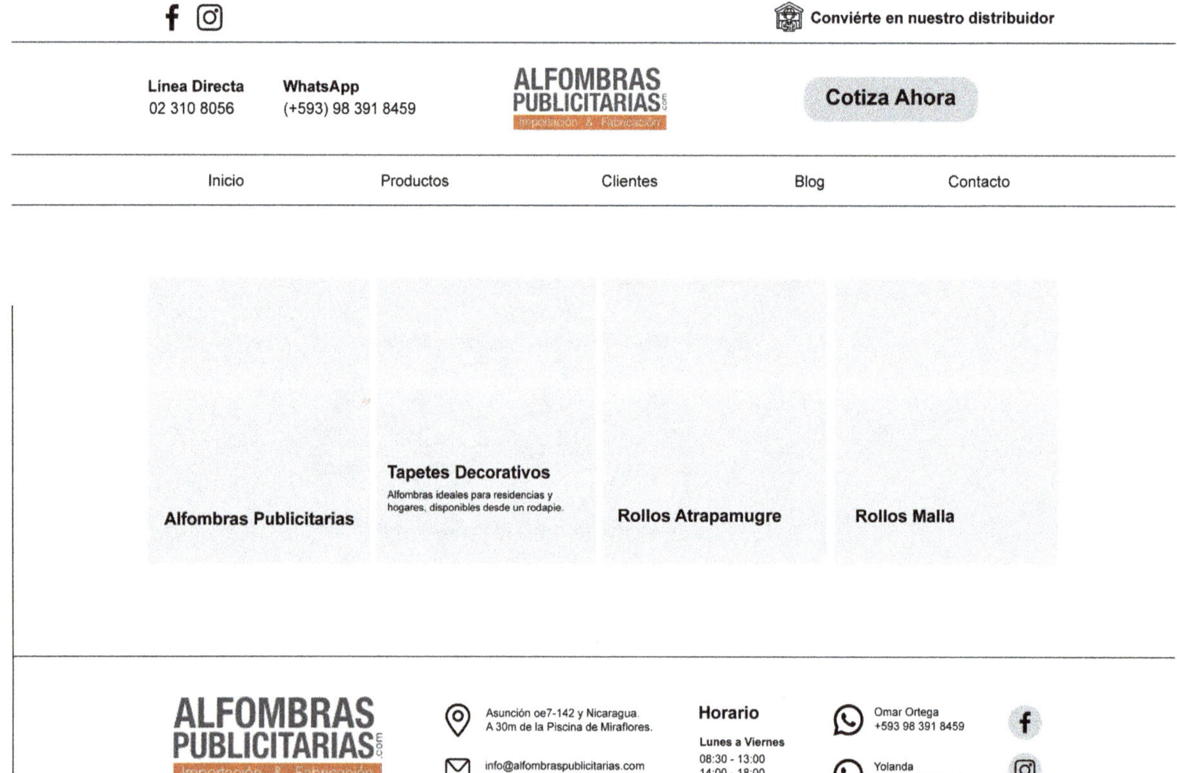

Wireframe Página de Productos / Alfombras Publicitarias / Atrapamugre

ALFOMBRAS PUBLICITARIAS

Te ofrecemos tres tamaños estándar, pero también fabricamos en la forma y tamaño que desees.

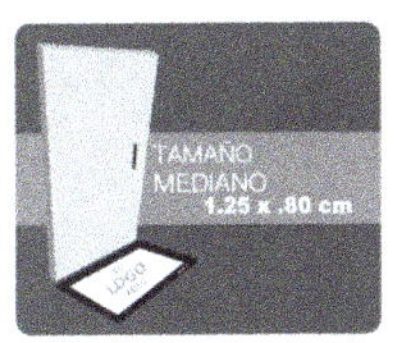

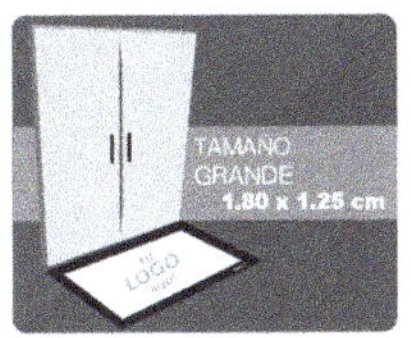

Te ofrecemos alfombras en los siguientes materiales:

ATRAPAMUGRE
ATRAPAHUMEDAD
MALLA
Tráfico Alto
Tráfico Extrapesado
Tráfico Residencial
APLICACIÓN
Diseñada para aplicaciones en exterior e interior, Instalación en bares, restaurantres, hospitales, centros comerciales, etc.
Además de la posibilidad de unir piezas e instalarle bordes antitropiezo.
Elige con borde anti tropiezos o no.
Antideslizante
No inflamable
Antifúngico (evita hongos)
100% PVC
Konica
SANTO DOMINGO
Tráfico
Tráfico Alto
ATRAPAMUGRE
Altura
12cm
12 meses garantía
DuraMat

Descargar Catálogo de Productos

Líderes en fabricación con más de 10 años de experiencia.

Asunción oe7-142 y Nicaragua.
A 30m de la Piscina de Miraflores.

info@alfombraspublicitarias.com

02 – 310 8056

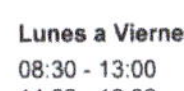

Horario

Lunes a Viernes
08:30 - 13:00
14:00 - 18:00

Sábado
09:00 - 13:00

Omar Ortega
+593 98 391 8459

Yolanda
+593 99 358 9195

Wireframe Página de Productos / Alfombras Publicitarias / Atrapahumedad

ALFOMBRAS PUBLICITARIAS

Te ofrecemos tres tamaños estándar, pero también fabricamos en la medida y tamaño que desees,

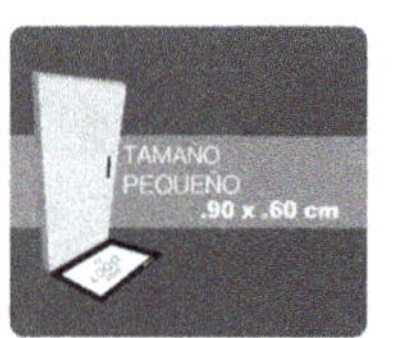

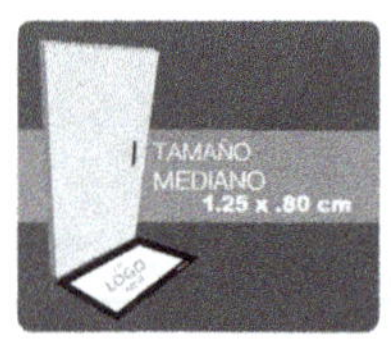

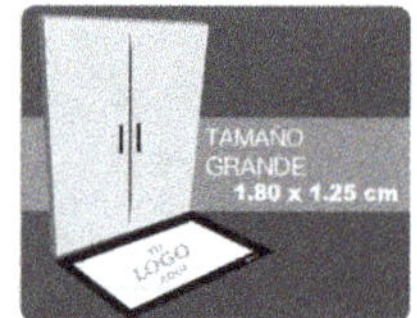

Te ofrecemos alfombras en los siguientes materiales:

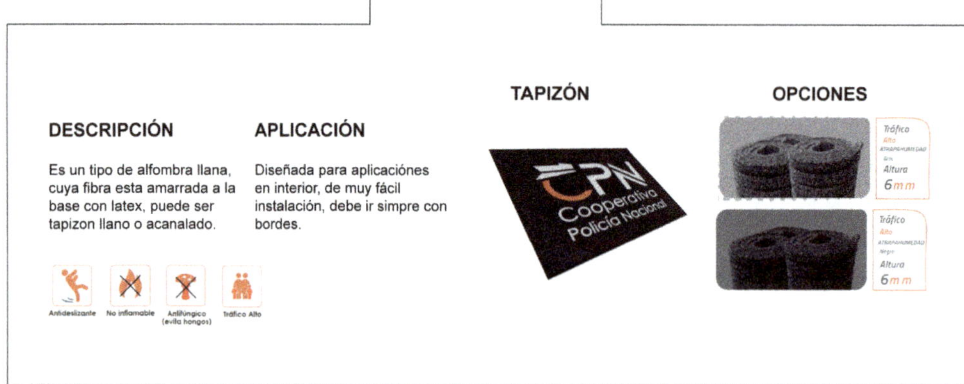

ATRAPAHUMEDAD
MALLA
DESCRIPCIÓN
Es un tipo de alfombra llana, cuya fibra esta amarrada a la base con latex, puede ser tapizon llano o acanalado.
APLICACIÓN
Diseñada para aplicaciónes en interior, de muy fácil instalación, debe ir simpre con bordes.
TAPIZÓN
OPCIONES
Tráfico
Altura
6mm
Tráfico
Altura
6mm
Antideslizante
No inflamable
Antifúngico (evita hongos)
Tráfico Alto

Descargar Catálogo de Productos

Líderes en fabricación con más de 10 años de experiencia.

Asunción oe7-142 y Nicaragua. A 30m de la Piscina de Miraflores.

info@alfombraspublicitarias.com

02 – 310 8056

Horario

Lunes a Viernes
08:30 - 13:00
14:00 - 18:00

Sábado
09:00 - 13:00

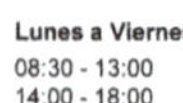

Omar Ortega
+593 98 391 8459

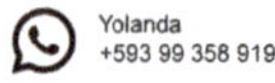

Yolanda
+593 99 358 9195

Wireframe Página de Productos / Alfombras Publicitarias / Malla

ALFOMBRAS PUBLICITARIAS

Te ofrecemos tres tamaños estándar, pero también fabricamos en la medida y tamaño que desees,

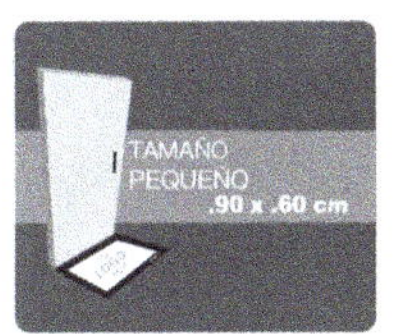

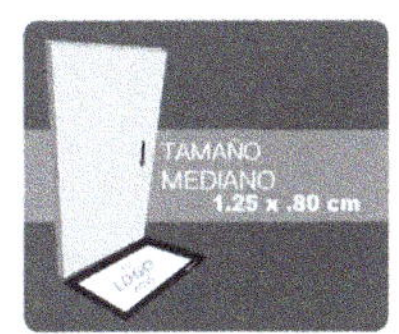

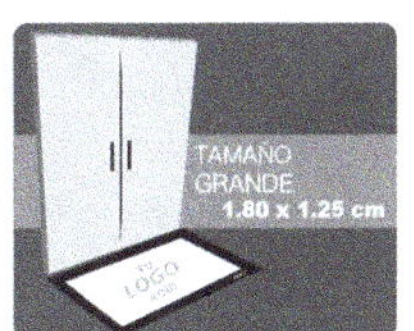

Te ofrecemos alfombras en los siguientes materiales:

ATRAPAMUGRE
ATRAPAHUMEDAD
MALLA
DESCRIPCIÓN
Brinda soluciones seguras para las zonas húmedas o entradas. Es durable, resistente a las algas y de fácil mantenimiento.
APLICACIÓN
Utilizado en las alfombras industriales, la piscina, alfombra para acensor, moqueta de la puerta en cualquier lugar, deberá garantizar la seguridad de esta area.
FLOORMAT
100%
Rojo
Cafe
Gris
Negro
Verde
Azul

Descargar Catálogo de Productos

Líderes en fabricación con más de 10 años de experiencia.

Asunción oe7-142 y Nicaragua.
A 30m de la Piscina de Miraflores.

info@alfombraspublicitarias.com

02 – 310 8056

Horario

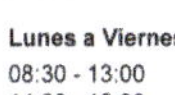

Lunes a Viernes
08:30 - 13:00
14:00 - 18:00

Sábado
09:00 - 13:00

Omar Ortega
+593 98 391 8459

Yolanda
+593 99 358 9195

Wireframe Página de Productos / Tapetes Decorativos / Monócromo

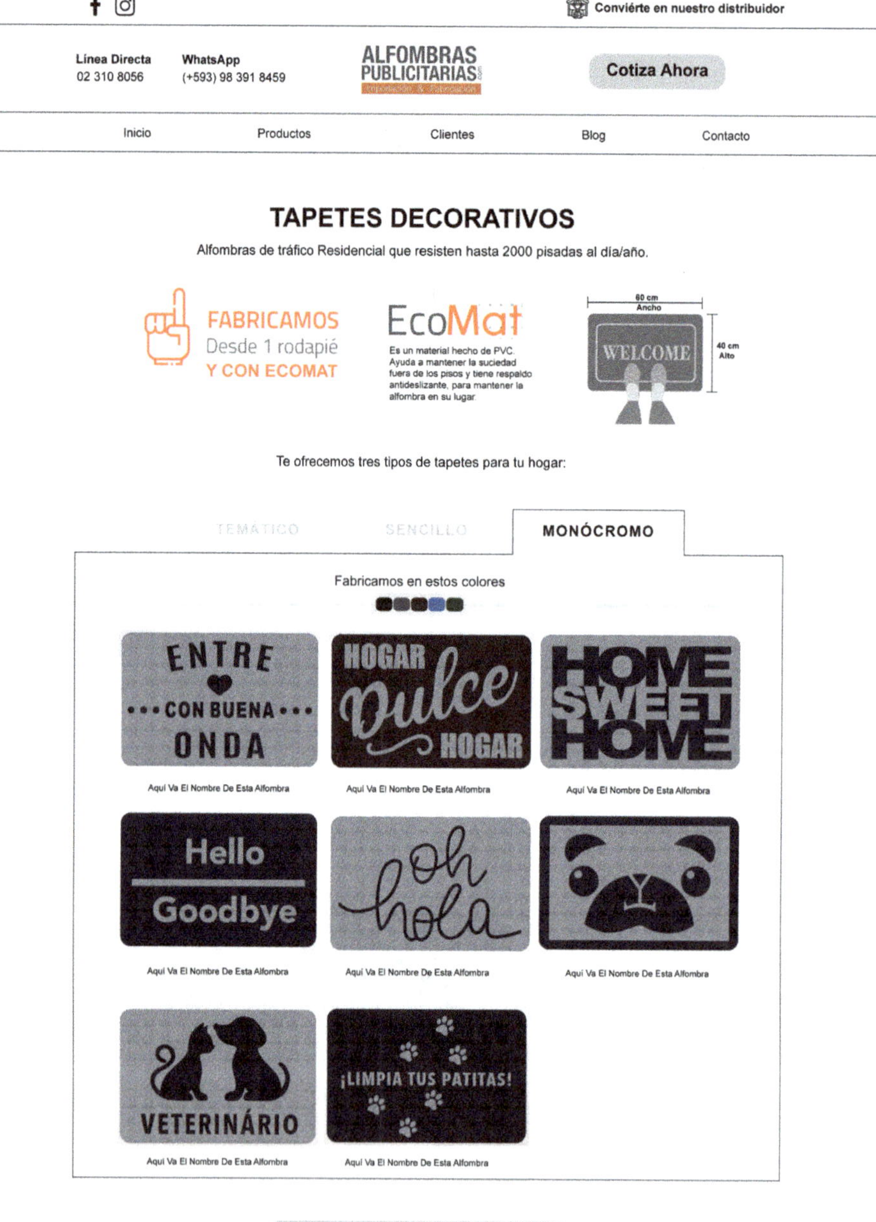

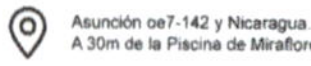

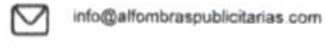

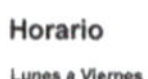

Lunes a Viernes
08:30 - 13:00
14:00 - 18:00
Sábado
09:00 - 13:00

Wireframe Página de Productos / Tapetes Decorativos / Sencillo

Lideres en fabricación con más de 10 años de experiencia.

Asunción oe7-142 y Nicaragua. A 30m de la Piscina de Miraflores.

info@alfombraspublicitarias.com

02 – 310 8056

Horario

Lunes a Viernes
08:30 - 13:00
14:00 - 18:00

Sábado
09:00 - 13:00

Omar Ortega
+593 98 391 8459

Yolanda
+593 99 358 9195

Wireframe Página de Productos / Tapetes Decorativos / Temático

TAPETES DECORATIVOS

Alfombras de tráfico Residencial que resisten hasta 2000 pisadas al día/año.

EcoMat

Es un material hecho de PVC. Ayuda a mantener la suciedad fuera de los pisos y tiene respaldo antideslizante, para mantener la alfombra en su lugar.

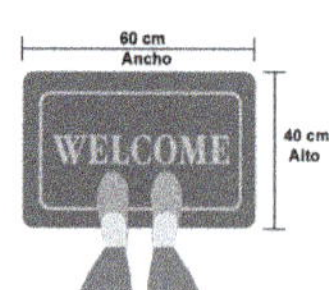

Te ofrecemos tres tipos de tapetes para tu hogar:

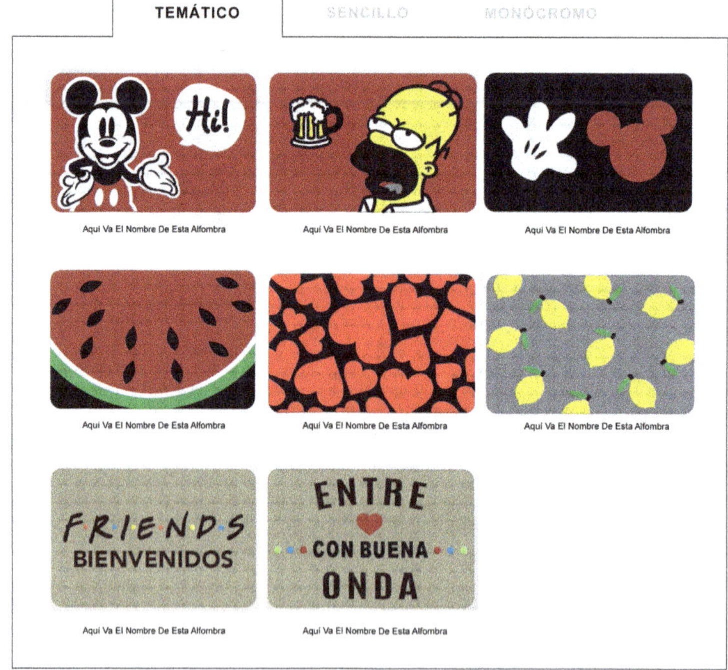

Descargar Catálogo de Rodapies

Líderes en fabricación con más de 10 años de experiencia.

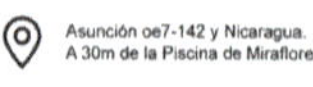

Wireframe Página de Productos / Rollos Atrapamugre / Tráfico Alto

Inicio Productos Clientes Blog Contacto

ROLLOS ATRAPAMUGRE

Descargar Catálogo de Productos

Líderes en fabricación con más de 10 años de experiencia.

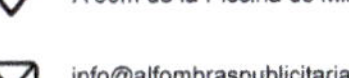

info@alfombraspublicitarias.com

Horario

Lunes a Viernes
08:30 - 13:00
14:00 - 18:00

Sábado
09:00 - 13:00

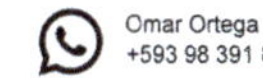

Wireframe Página de Productos / Rollos Atrapamugre / Residencial

ROLLOS ATRAPAMUGRE

Descargar Catálogo de Productos

Líderes en fabricación con más de 10 años de experiencia.

Asunción oe7-142 y Nicaragua.
A 30m de la Piscina de Miraflores.

info@alfombraspublicitarias.com

02 – 310 8056

Horario

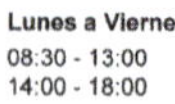
Lunes a Viernes
08:30 - 13:00
14:00 - 18:00
Sábado
09:00 - 13:00

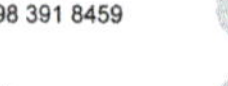
Omar Ortega
+593 98 391 8459

Yolanda
+593 99 358 9195

Wireframe Página de Productos / Rollos Malla

Conviérte en nuestro distribuidor

Línea Directa 02 310 8056 | **WhatsApp** (+593) 98 391 8459

ALFOMBRAS PUBLICITARIAS.com Importación & Fabricación

Cotiza Ahora

Inicio | Productos | Clientes | Blog | Contacto

ROLLOS MALLA

FLOORMAT

Tamaño (rollo): A 1.20m x L 15m
Altura (fibra): 6 mm 10 mm
Peso aprox. x m^2*:* 2.5kg
Resistencia: 2.000 pisadas al día/año

Antideslizante

No inflamable

Antifúngico (evita hongos)
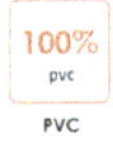
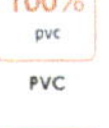

PVC

Decorativo (Permite logos)
Residencial
Tráfico Alto

Comercial

Tráfico Extra pesado

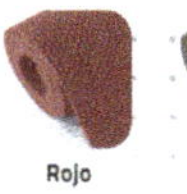

Descargar Catálogo de Productos

Líderes en fabricación con más de 10 años de experiencia.

Asunción oe7-142 y Nicaragua. A 30m de la Piscina de Miraflores.

info@alfombraspublicitarias.com

02 – 310 8056

Horario
Lunes a Viernes
08:30 - 13:00
14:00 - 18:00
Sábado
09:00 - 13:00

Omar Ortega
+593 98 391 8459

Yolanda
+593 99 358 9195
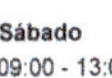

Wireframe Página de Clientes

Esta sección irán tanto capturas de pantalla de chats de wasap donde agradecen los clientes, como menciones que ellos hagan en Facebook o Instagram.

Son botones, que al hacer clic aparece la sección correspondiente.

Aquí se muestra la sección correspondiente según el botón que se presione, acompañado de texto y una fotografía.

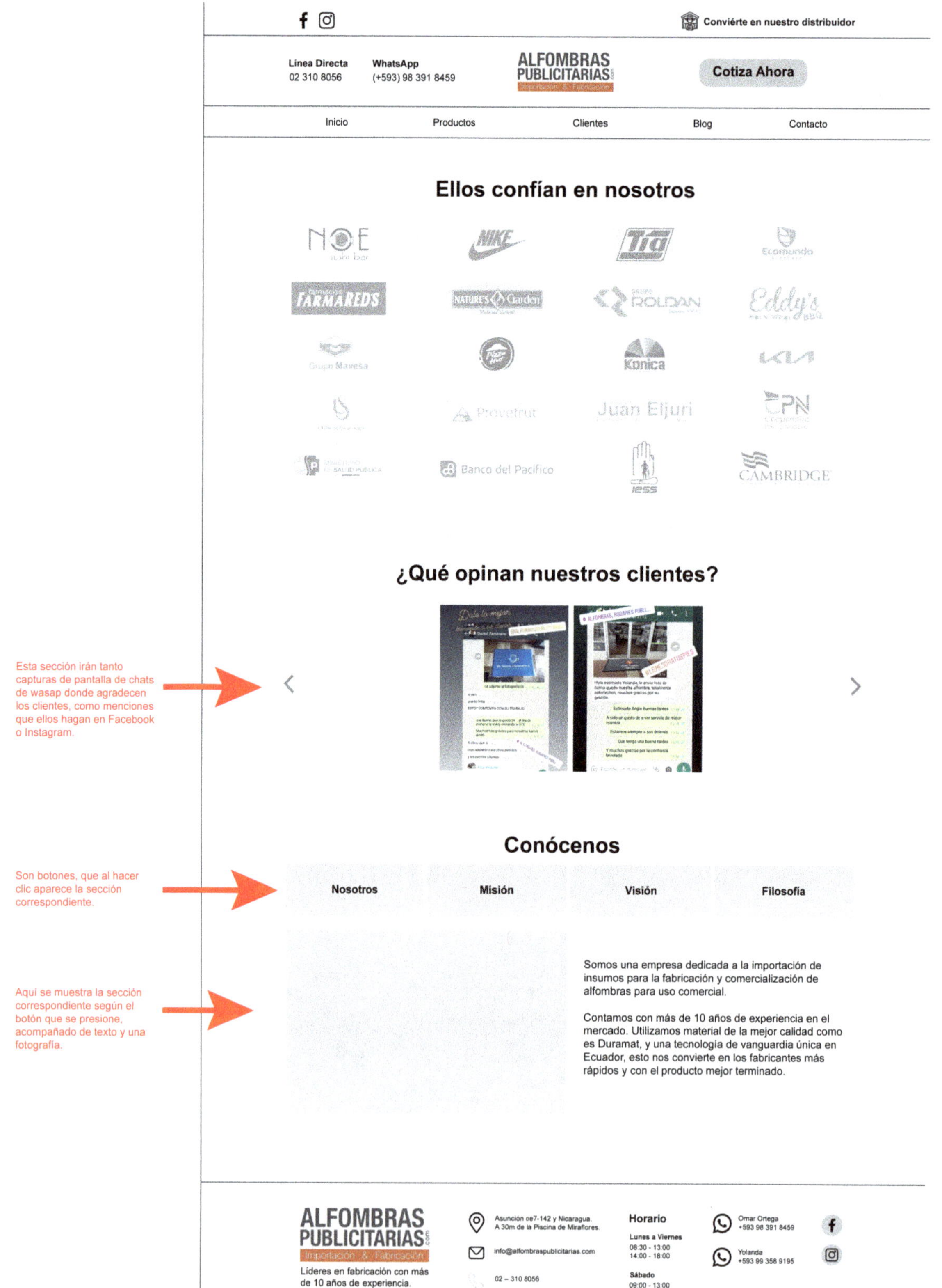

Wireframe Página de Blog

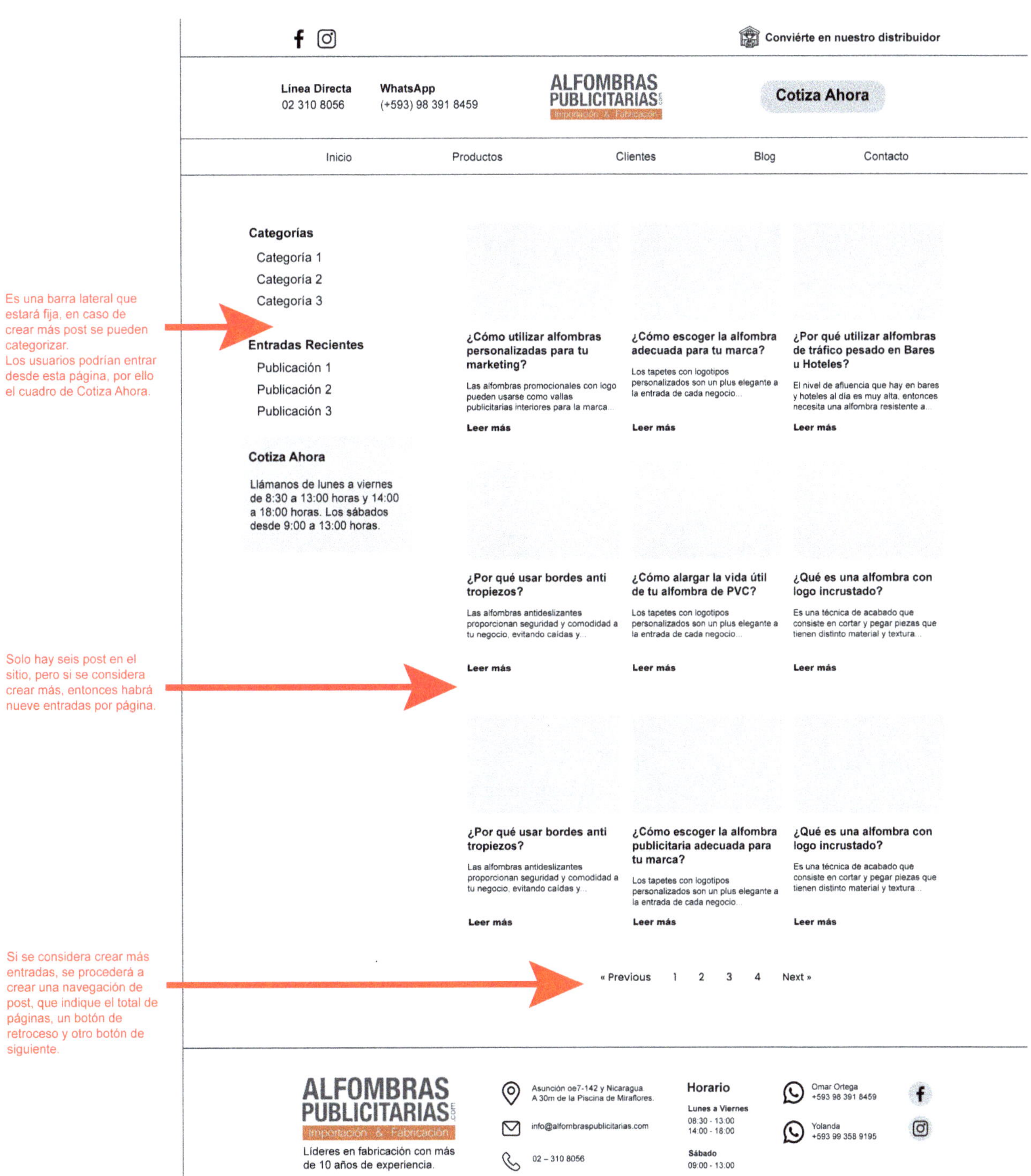

Es una barra lateral que estará fija, en caso de crear más post se pueden categorizar.
Los usuarios podrían entrar desde esta página, por ello el cuadro de Cotiza Ahora.

Solo hay seis post en el sitio, pero si se considera crear más, entonces habrá nueve entradas por página.

Si se considera crear más entradas, se procederá a crear una navegación de post, que indique el total de páginas, un botón de retroceso y otro botón de siguiente.

Wireframe Página de Contacto

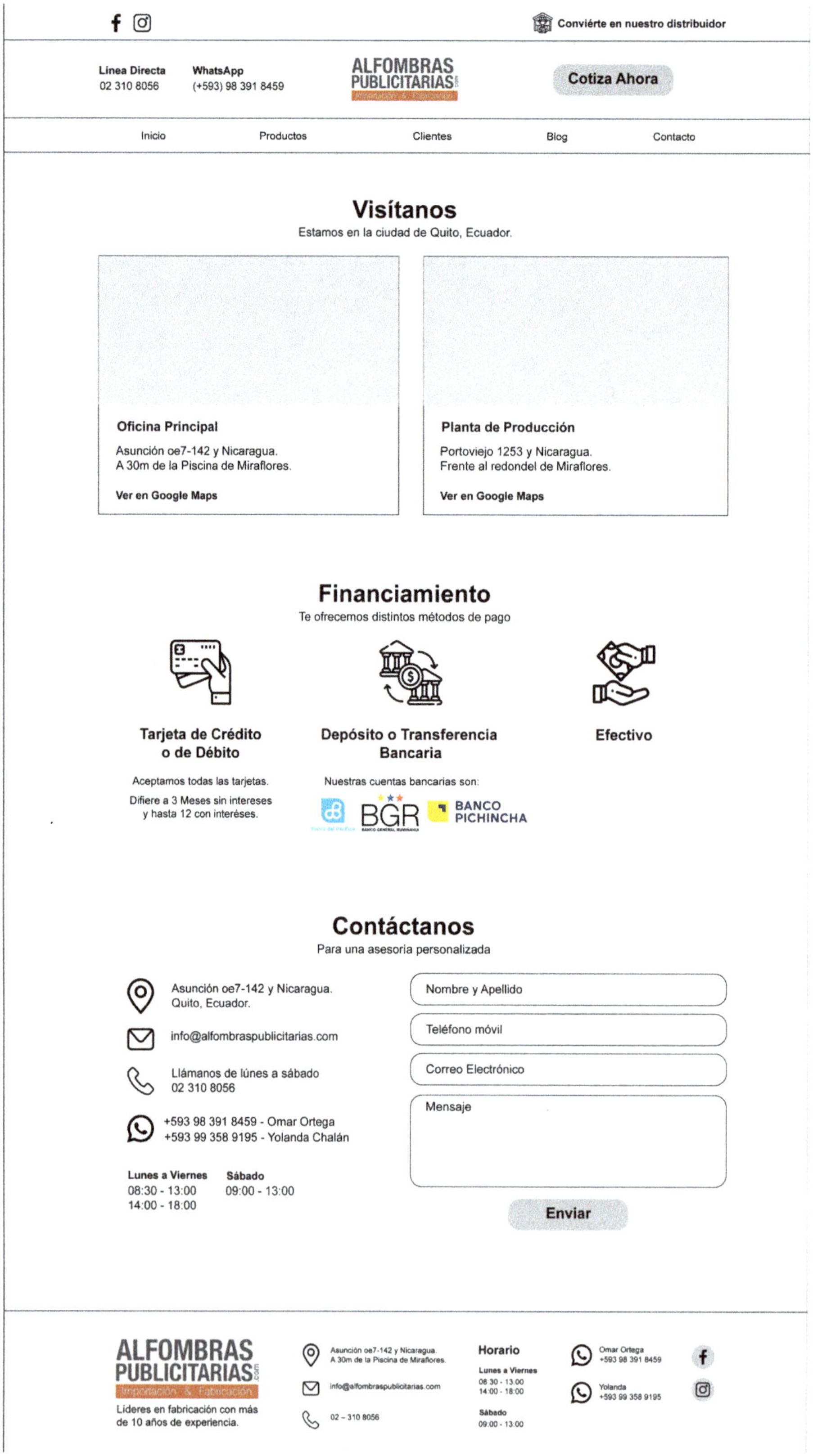

Conviérte en nuestro distribuidor
Línea Directa
02 310 8056
WhatsApp
(+593) 98 391 8459
ALFOMBRAS PUBLICITARIAS
Cotiza Ahora
Inicio
Productos
Clientes
Blog
Contacto
Visítanos
Estamos en la ciudad de Quito, Ecuador.
Oficina Principal
Asunción oe7-142 y Nicaragua.
A 30m de la Piscina de Miraflores.
Ver en Google Maps
Planta de Producción
Portoviejo 1253 y Nicaragua.
Frente al redondel de Miraflores.
Ver en Google Maps
Financiamiento
Te ofrecemos distintos métodos de pago
Tarjeta de Crédito o de Débito
Aceptamos todas las tarjetas.
Difiere a 3 Meses sin intereses y hasta 12 con interéses.
Depósito o Transferencia Bancaria
Nuestras cuentas bancarias son:
BGR
BANCO PICHINCHA
Efectivo
Contáctanos
Para una asesoria personalizada
Asunción oe7-142 y Nicaragua.
Quito, Ecuador.
info@alfombraspublicitarias.com
Llámanos de lúnes a sábado
02 310 8056
+593 98 391 8459 - Omar Ortega
+593 99 358 9195 - Yolanda Chalán
Lunes a Viernes
08:30 - 13:00
14:00 - 18:00
Sábado
09:00 - 13:00
Nombre y Apellido
Teléfono móvil
Correo Electrónico
Mensaje
Enviar
ALFOMBRAS PUBLICITARIAS
Importación & Fabricación
Líderes en fabricación con más de 10 años de experiencia.
Asunción oe7-142 y Nicaragua.
A 30m de la Piscina de Miraflores.
info@alfombraspublicitarias.com
02 - 310 8056
Horario
Lunes a Viernes
08:30 - 13:00
14:00 - 18:00
Sábado
09:00 - 13:00
Omar Ortega
+593 98 391 8459
Yolanda
+593 99 358 9195

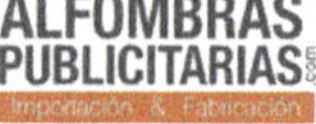

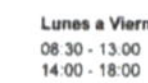

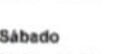

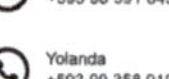

Mockup Página de Inicio

Mockups de Productos / Alfombras Publicitarias

Mockups de Productos / Alfombras Publicitarias / Atrapamugre / Residencial

ALFOMBRAS PUBLICITARIAS

Te ofrecemos tres tamaños estándar, pero también fabricamos en la forma y tamaño que desees.

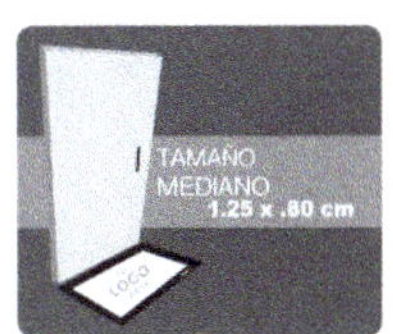

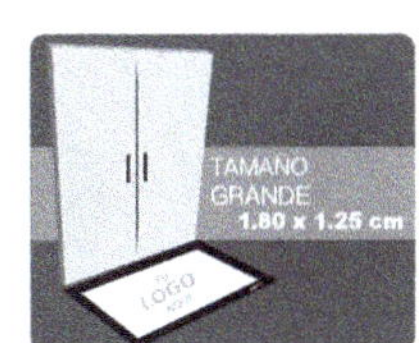

Te ofrecemos alfombras en los siguientes materiales:

Descargar Catálogo de Productos

Desarrollado por Michelle Silva Cuenca

Mockups de Productos / Tapetes Decorativos / Básico

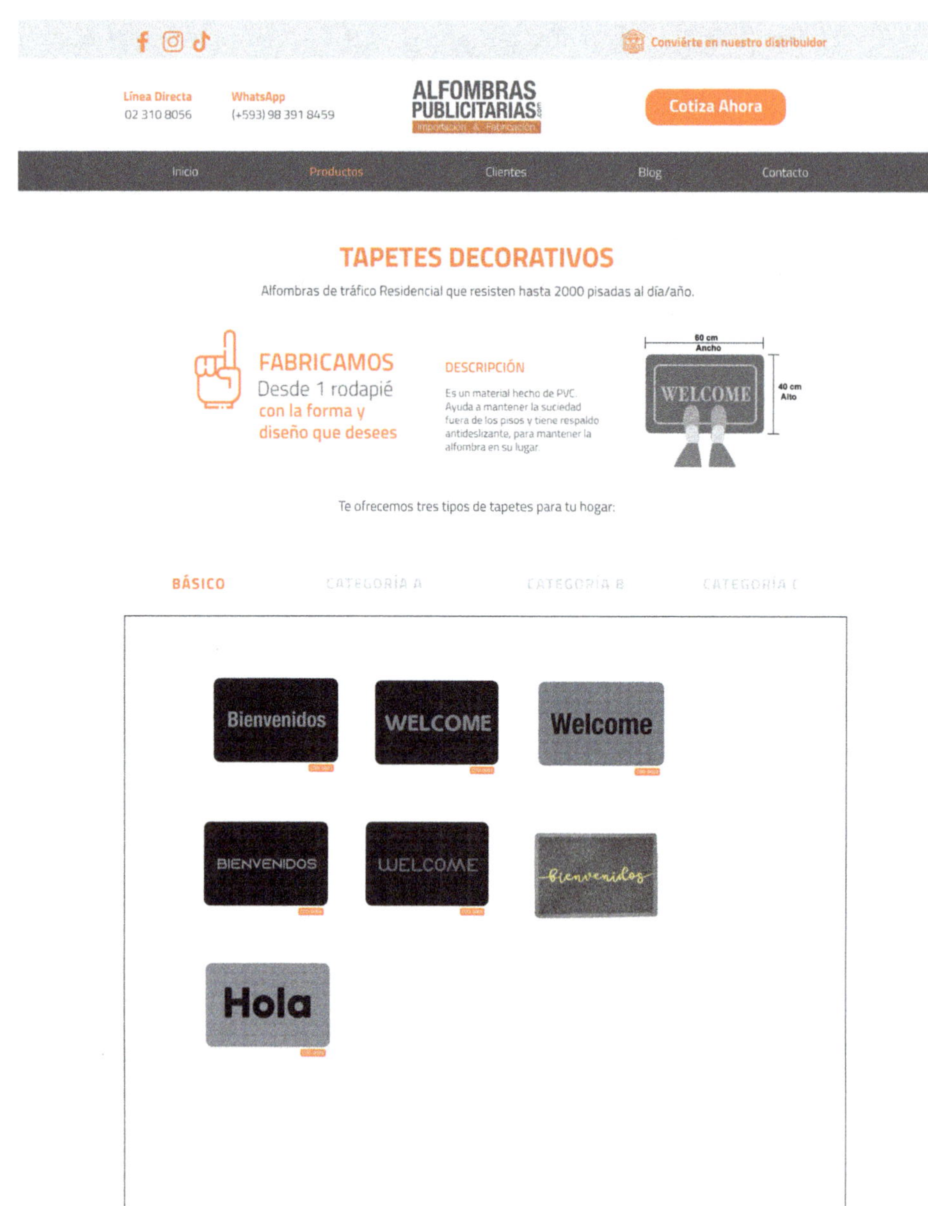

Mockups de Productos / Rollos Atrapamugre

ROLLOS ATRAPAMUGRE

Descargar Catálogo de Rollos

Omaro 2023 © Todos los derechos Reservados

Desarrollado por Michelle Silva Cuenca

Mockups de Productos / Rollos Malla

Descargar Catálogo de Rollos

Omaro 2023 © Todos los derechos Reservados

Desarrollado por Michelle Silva Cuenca

Mockups página de Clientes / Conócenos / Nosotros

Mockups página de Blog

Línea Directa 02 310 8056

WhatsApp (+593) 98 391 8459

ALFOMBRAS PUBLICITARIAS.com
Importación & Fabricación

Cotiza Ahora

Inicio | Productos | Clientes | Blog | Contacto

Categorías

Categoría 1
Categoría 2
Categoría 3

Entradas Recientes

Publicación 1
Publicación 2
Publicación 3

Cotiza Ahora

Llámanos de lunes a viernes de 8:30 a 13:00 horas y 14:00 a 18:00 horas. Los sábados desde 9:00 a 13:00 horas.

¿Cómo utilizar alfombras personalizadas para tu marketing?

Las alfombras promocionales con logo pueden usarse como vallas publicitarias interiores para la marca...

Leer más

¿Cómo escoger la alfombra adecuada para tu marca?

Los tapetes con logotipos personalizados son un plus elegante a la entrada de cada negocio...

Leer más

¿Por qué utilizar alfombras de tráfico pesado en Bares u Hoteles?

El nivel de afluencia que hay en bares y hoteles al día es muy alta, entonces necesita una alfombra resistente a...

Leer más

¿Por qué usar bordes anti tropiezos?

Las alfombras antideslizantes proporcionan seguridad y comodidad a tu negocio, evitando caídas y...

Leer más

¿Cómo alargar la vida útil de tu alfombra de PVC?

Los tapetes con logotipos personalizados son un plus elegante a la entrada de cada negocio...

Leer más

Caracteristicas para conocer tu: Alfombra publicitaria

Material DuraMat

Borde Anti-tropieso

¿Qué es una alfombra con logo incrustado?

Es una técnica de acabado que consiste en cortar y pegar piezas que tienen distinto material y textura...

Leer más

« Previous 1 2 3 4 Next »

ALFOMBRAS PUBLICITARIAS.com
Importación & Fabricación
Líderes en fabricación con más de 10 años de experiencia.

Asunción oe7-142 y Nicaragua.
A 30m de la Piscina de Miraflores.

info@alfombraspublicitarias.com

02 – 310 8056

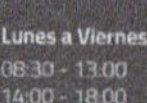

Sábado
09:00 - 13:00

Omar Ortega
+593 98 391 8459

Yolanda Chalan
+593 99 358 9195

Desarrollado por Michelle Silva Cuenca

Mockups página de Clientes / Conócenos / Nosotros

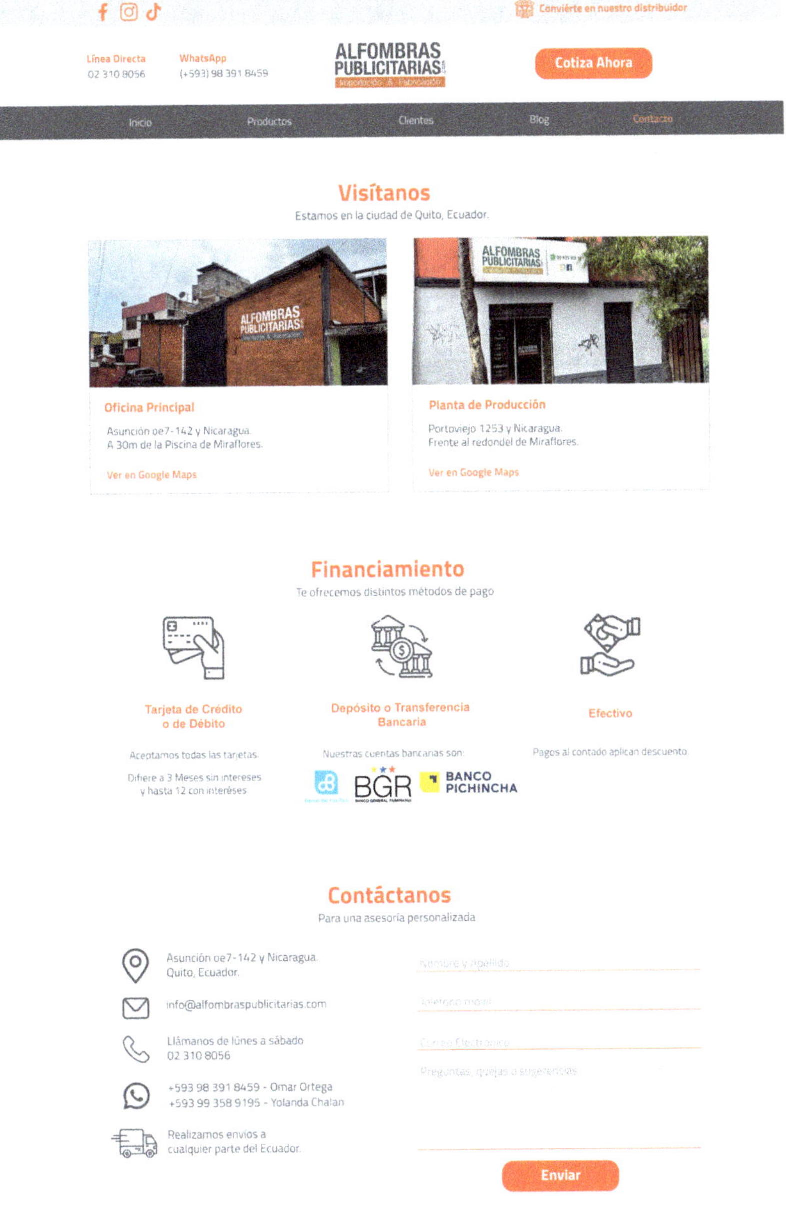

Horario de Atención

Lunes a Viernes
08:00 - 13:00
14:00 - 18:00

Sábado
09:00 - 13:00

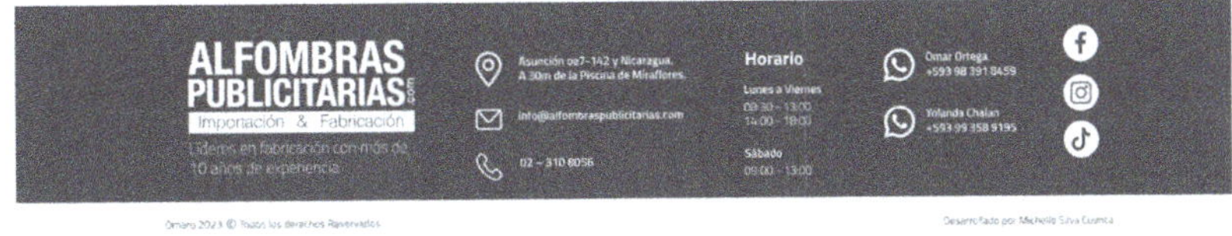

4.4. ETAPA 4: PROTOTIPADO Y EVALUACIÓN

Luego de realizar un trabajo de investigación, identificar los errores de usabilidad y demás en el anterior sitio web para tener puntos a integrar y corregir, estudiar y definir el tipo de usuarios potenciales del sitio web. Finalmente, se con toda la información necesaria, analizada y estructurada, las propuestas de solución y diseño comienzan a tomar forma, pero es necesario contrastar las ideas, evaluarlas y someterlas a escenarios reales para comprobar que son las correctas y están listas para su implementación, para ello es el desarrollo de un prototipo funcional, evaluación o prueba de este en escenarios reales, pues el diseño centrado en el usuario y Design Thinking es un proceso iterativo que conlleva a constantes repeticiones o procesos cíclicos para la mejora continua, hasta finalmente tener un producto idóneo que pueda ser implementado sabiendo que cumplirá con los objetivos que fue pensado.

4.4.1. Desarrollo del prototipo

El prototipo se desarrolló en WordPress, utilizando para ello el Plugin de Elementor Pro para construir el sitio web, junto con cada una de sus páginas y componentes. Sin embargo, el contenido multimedia tuvo que planificarse, ya que según el contenido se deberían tomar las fotografías necesarias y crear las imágenes para la portada de los banners promocionales.

Definidos los contenidos del sitio web, se procedió a planificar los contenidos multimedia como las imágenes, para las cuales se fotografió y algunas imágenes se crearon en Photoshop en base a las fotografías tomadas. Dichas imágenes fueron tratadas en Photoshop para que tengan dimensiones similares entre las imágenes y establecer un peso óptimo de las mismas, para evitar que el sitio web pese demasiado a causa de las imágenes, en consecuencia, el tiempo de carga sea mayor.

Ilustración 45, fotografías de productos para el sitio web.

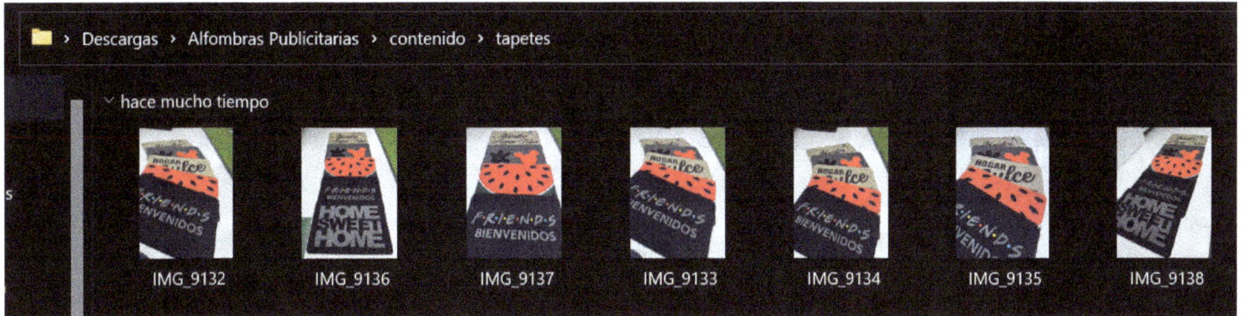

Ilustración 46, sesión de fotografías de productos, de las cuales solo se escoge una imagen para subir al sitio.

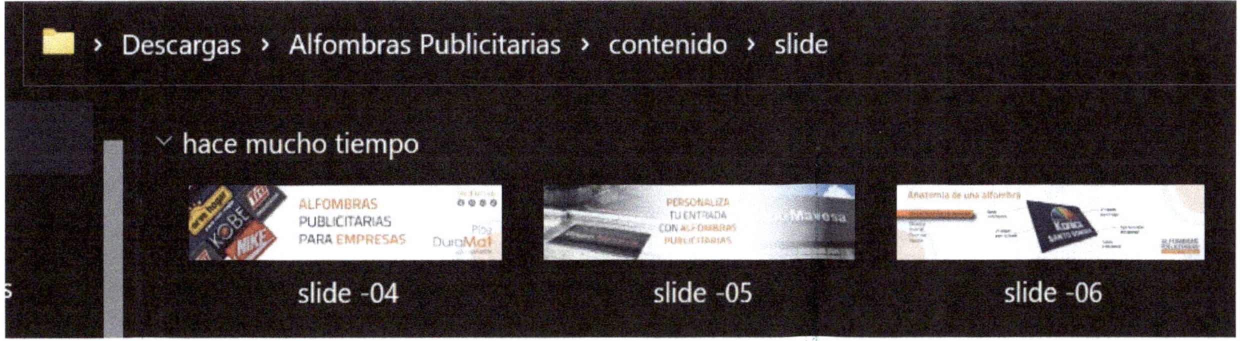

Ilustración 47, creación de banners en base a las fotografías tomadas.

Entonces en WordPress se creó el sitio web, pero utilizando como editor a Elementor, primero se creó la cabecera y pie de página para que aparezcan en las páginas que se realizarán. El Header y Footer se crearon en la sección de «Plantillas» de Elementor, pues permite aplicar esas secciones de forma automática en todas las páginas, también permite añadir condiciones y exclusiones.

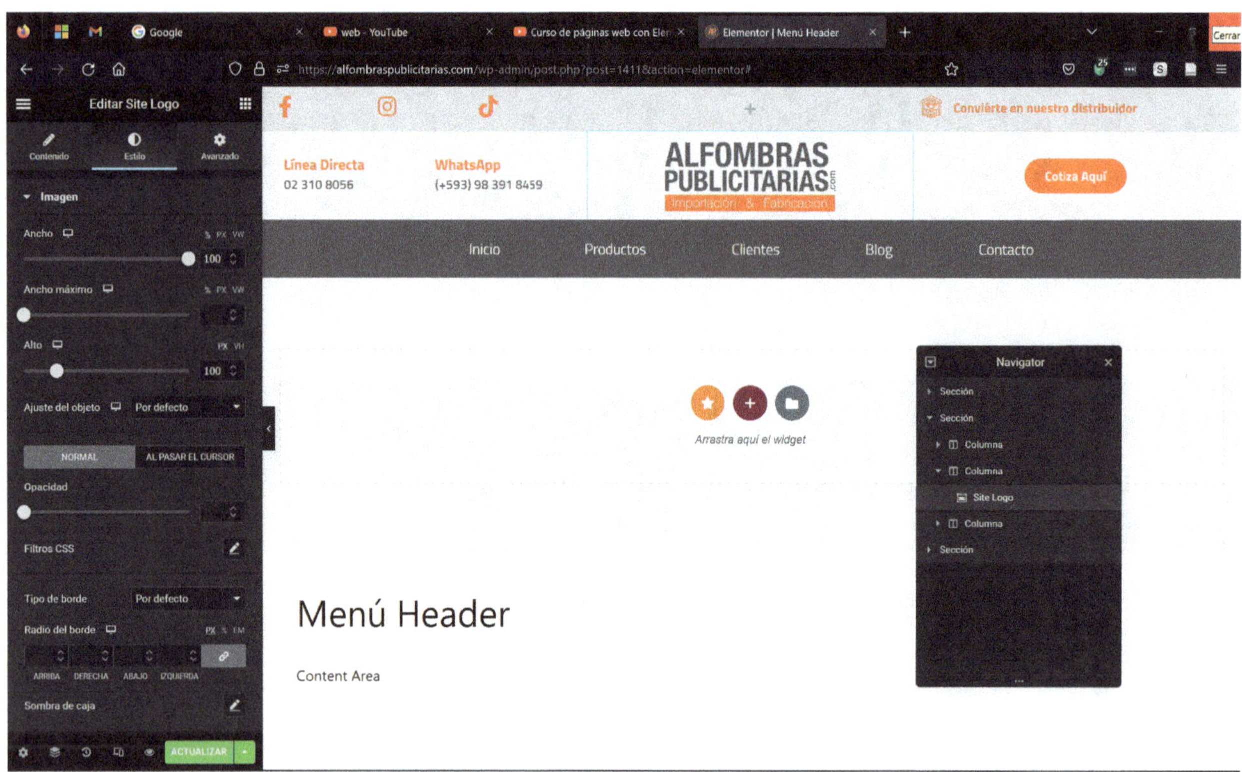

Ilustración 48, creación del Header en versión PC.

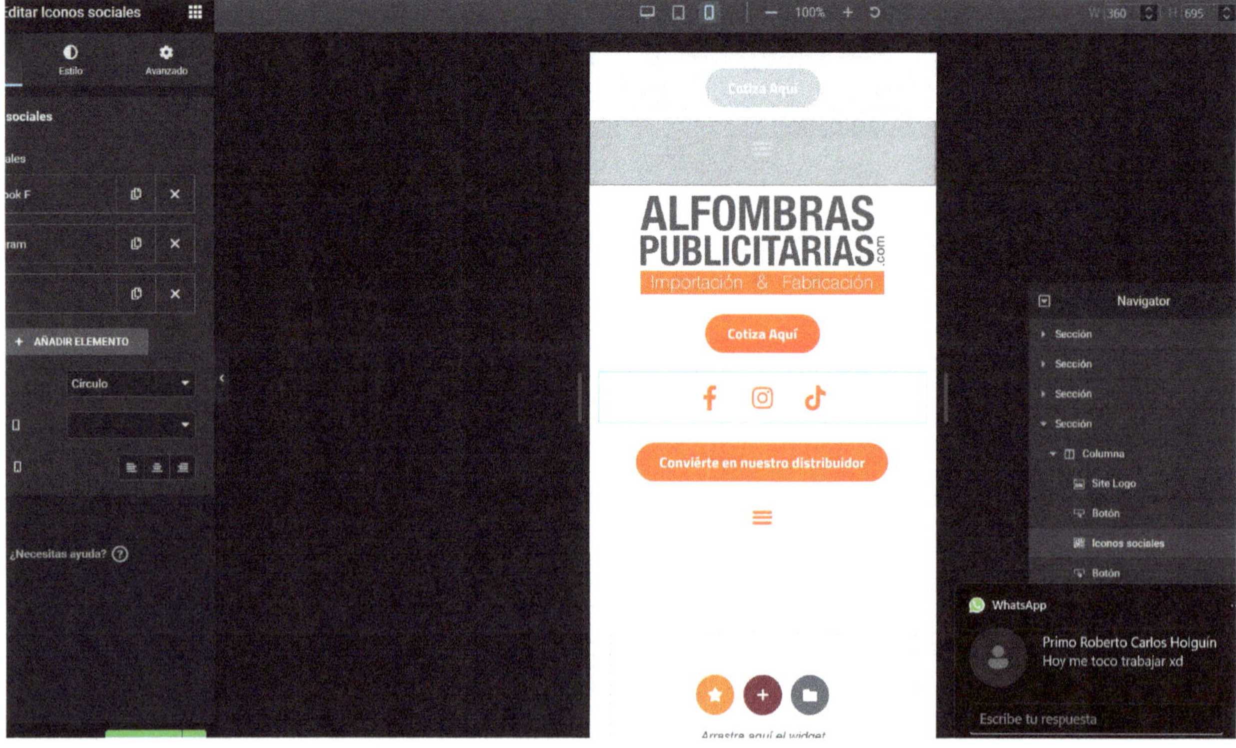

Ilustración 49, adaptación del Header a versión móvil.

En la construcción de las páginas web del sitio, pues se insertan desde WordPress, pero se maquetan usando el editor de Elementor, como ya se creó la sección de cabecera y pie de páginas, las mismas aparecen de forma automática en todas las páginas.

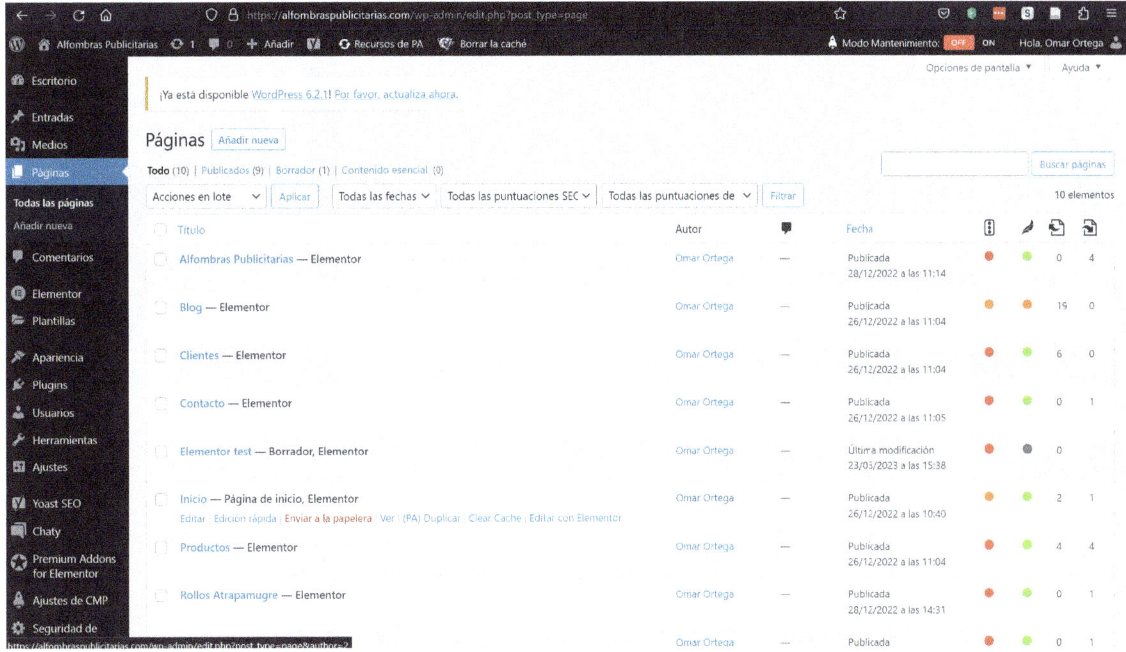

Ilustración 50, listado de páginas creadas en WordPress.

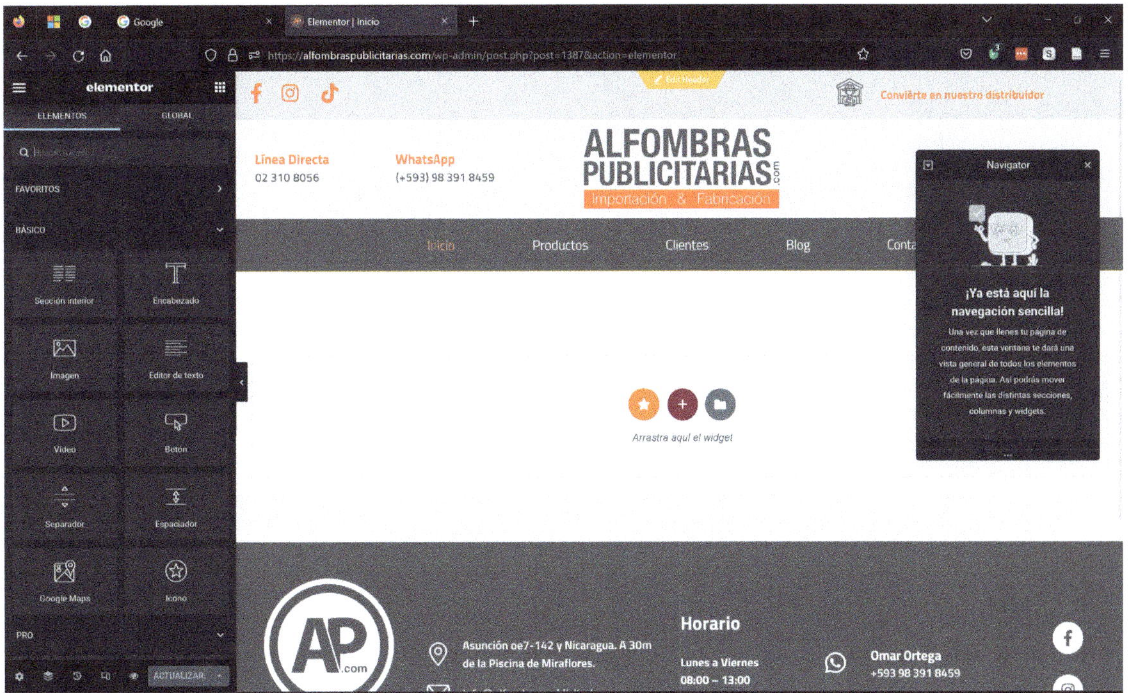

Ilustración 51, ingreso a una página vacía para editar con Elementor.

Durante la construcción web, las páginas se realizaron maquetando y diseñando de forma responsive, es decir, adaptando el contenido para los distintos tipos de dispositivos contenedores que son Escritorio, Celular y Tableta.

Ilustración 52, diseño responsive del contenido del sitio web pensando en los diferentes dispositivos de acceso.

En las páginas que reciben contenidos de forma constante como el blog, su realización es diferente a la de una página estática, pues esta página se actualiza constantemente y crece el número de entradas que alberga. El contenido es dinámico, pero debe tener las mismas especificaciones de diseño y presentación, dicho proceso se explica a continuación:

Las entradas del Blog se crean en WordPress.

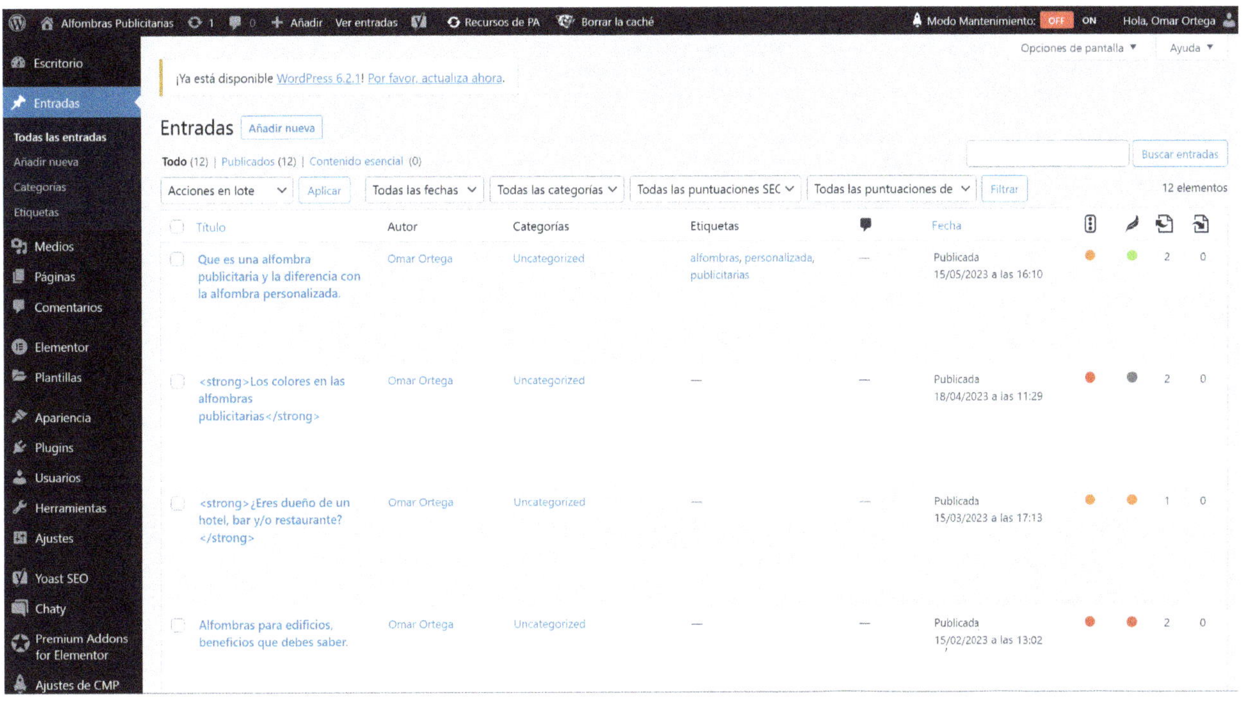

Ilustración 53, entradas del Blog de Alfombras Publicitarias.

El contenido de dichas entradas se crea usando el editor de WordPress, no el de Elementor.

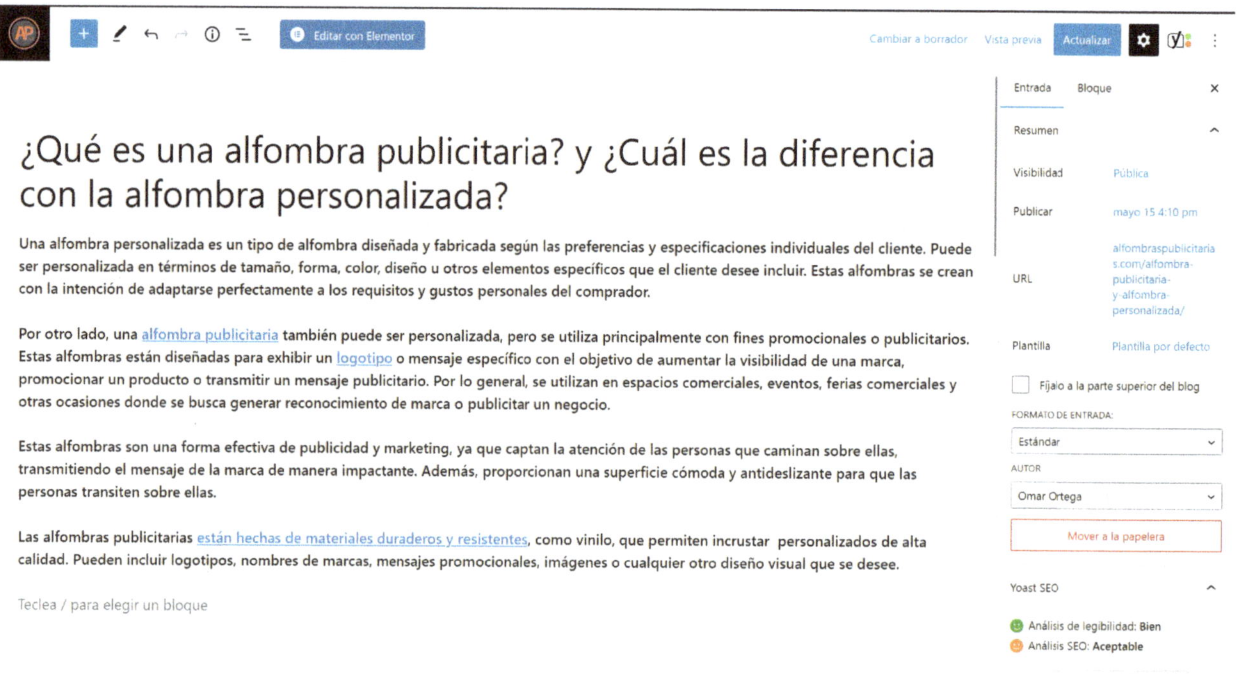

Ilustración 54, editor de WordPress, creando el contenido de una entrada.

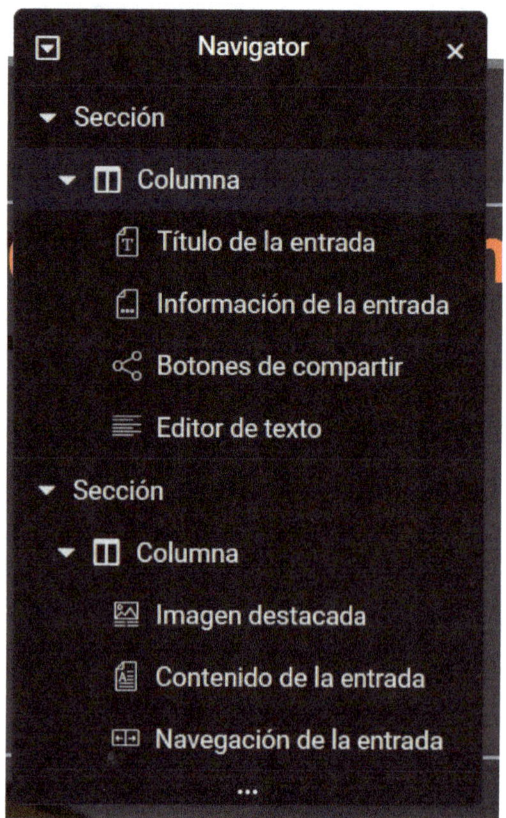

En Elementor se ha maquetado la estructura del blog y las entradas del blog, se ha definido la guía de estilos de sus párrafos, titulares y demás componentes que integran la entrada del blog.

Ilustración 55, navegador de Elementor que muestra los widgets añadidos en la maquetación de la estructura de la página de una entrada.

Como resultado se obtiene que la página del Blog luzca de la siguiente forma:

Ilustración 56, resultado de maquetación de la página del Blog usando Elementor.

Mientras la apariencia de la entrada del blog se conforme de un titular, casilla de fecha de publicación y autor, botones para compartir esa entrada en redes sociales, una imagen de fondo, y el contenido ya varía según el autor, si inserta o no imágenes, si el texto es regular o en negrita, etc. En añadidura, según la entrada puede aparecer enlaces a la entrada anterior o siguiente, claro que si se encuentra el usuario en la última entrada publicada no aparecerá entrada siguiente porque está en la última.

Ilustración 57, presentación de una entrada del blog de Alfombras Publicitarias.

Uno de los objetivos comerciales de Alfombras Publicitarias es captar leads o prospectos de ventas, para ello se ideó la estrategia de ofrecer la opción de descargar un catálogo a los usuarios realmente interesados, a cambio que cedan sus datos en un formulario, al hacerlo les llegará un correo electrónico de forma inmediata a la dirección de correo que proporcionaron. De esa forma se pretende conseguir una base de datos de *leads*, con quienes se pueda elaborar estrategias de *mailing*.

En Mailchimp se creó una API KEY, el cual es un código que proporciona Mailchimp para poder integrarse con otros servicios como Elementor, hay dos formas de integrar el API KEY a Elementor, se decidió hacerlo directamente mediante el formulario, ya que se usaba también otra cuenta de Mailchimp para el formulario de contacto. Elementor notifica a un correo electrónico indicado cada vez alguien se suscribe para recibir el catálogo y cuando alguien envía un mensaje por el formulario de contacto.

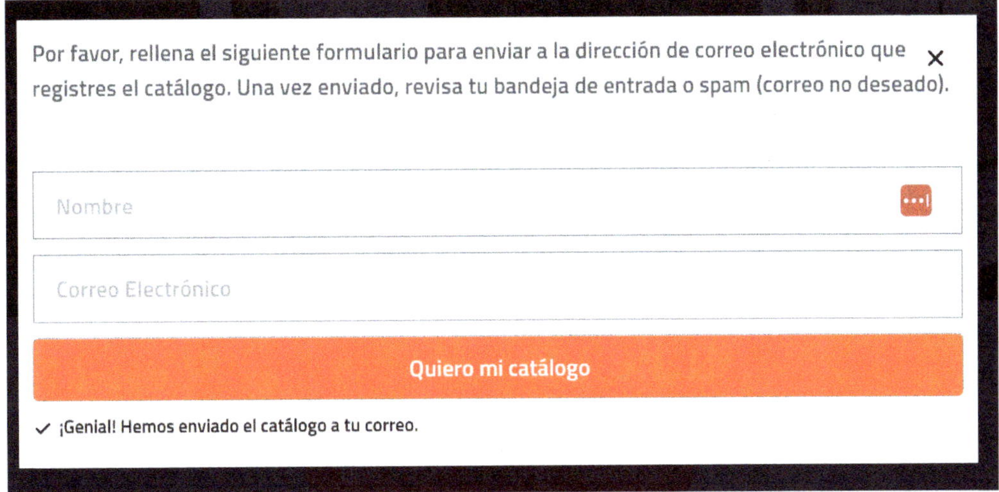

Ilustración 58, ventana emergente o Popup para conseguir una base de datos de leads.

Nueva descarga de catálogo "Alfombras Publicitarias"

De **Alfombras Publicitarias**
Destinatario **omar@alfombraspublicitarias.com**
Fecha **Hoy 16:34**

Name: Joyce
Email: michellesilvacuenca@gmail.com

Date: 12/30/2022
Time: 17:34
Page URL: https://alfombraspublicitarias.com/alfombras-publicitarias/
User Agent: Mozilla/5.0 (Windows NT 10.0; Win64; x64; rv:108.0) Gecko/20100101 Firefox/108.0
Remote IP: 181.199.41.118
Powered by: Elementor

Ilustración 59, notificación por correo electrónico cuando un usuario descarga el catálogo por el formulario.

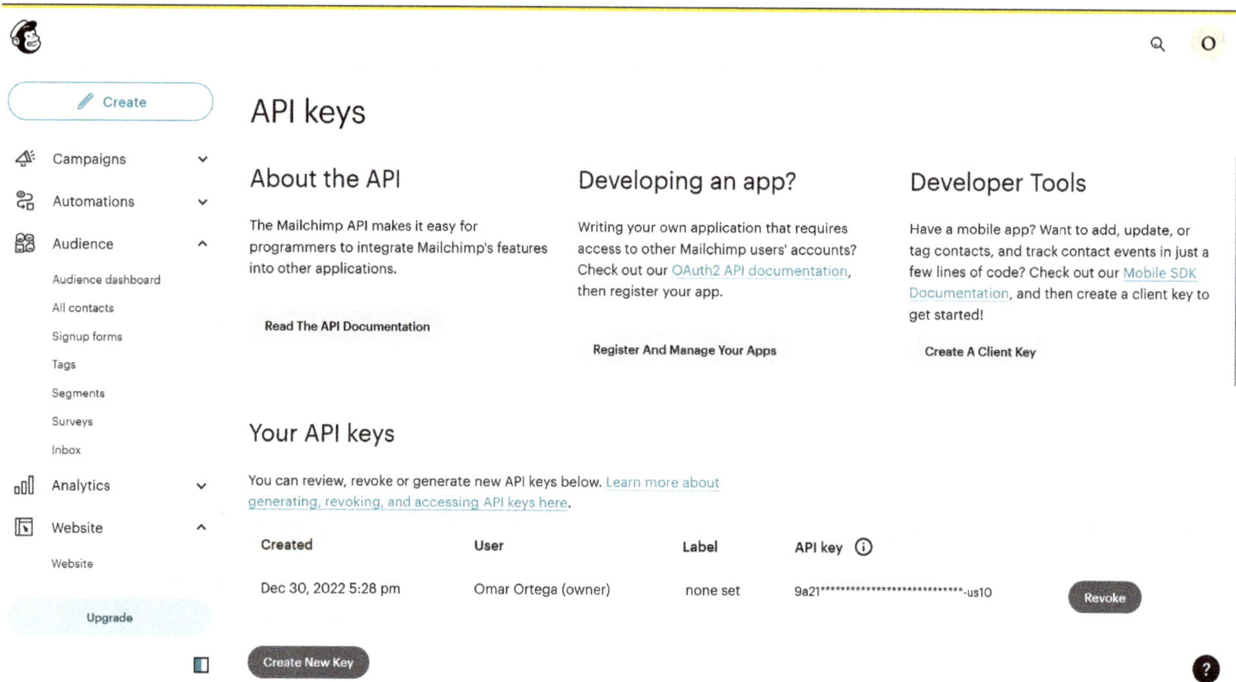

Ilustración 60, obtención de la API KEY de MailChimp para integrarse con Elementor.

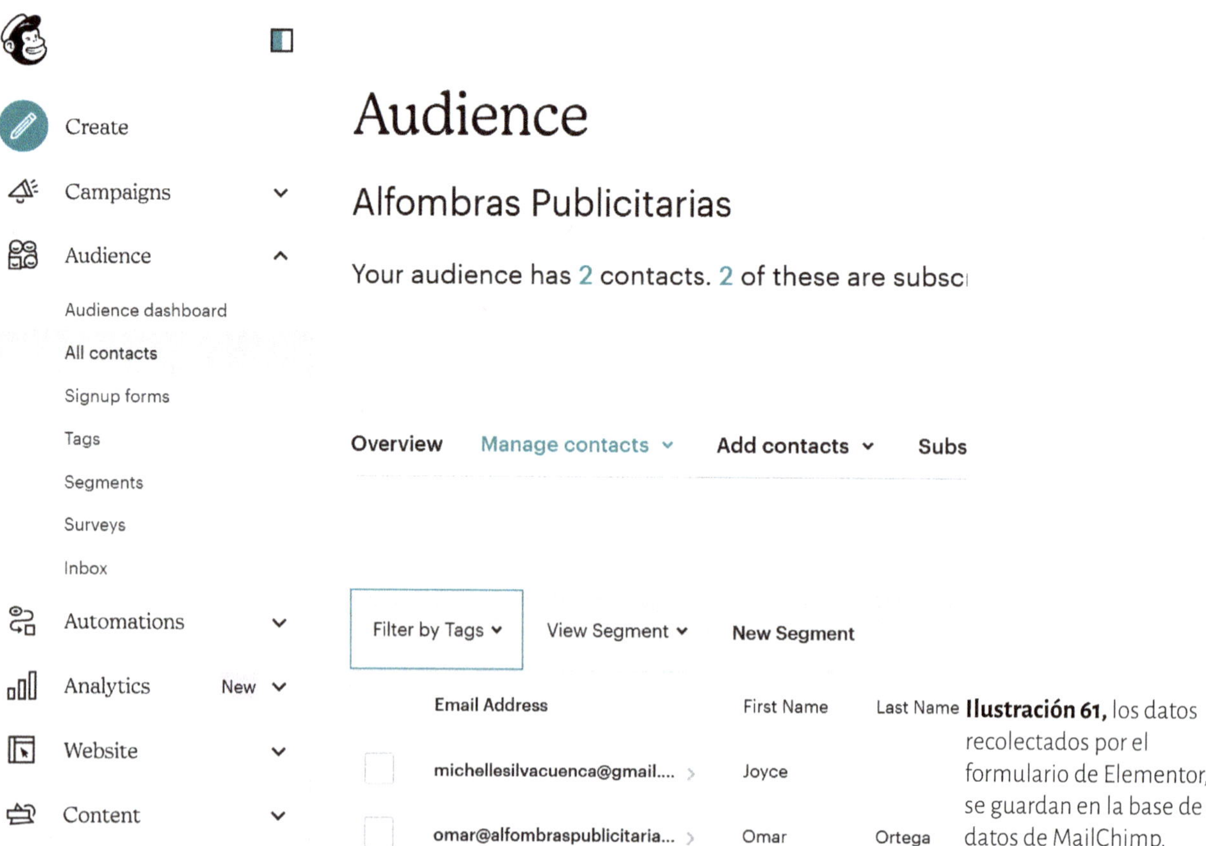

Ilustración 61, los datos recolectados por el formulario de Elementor, se guardan en la base de datos de MailChimp.

Otra característica muy importante para la empresa era el posicionamiento orgánico o SEO, con ayuda de Yoast Seo, un plugin de WordPress que se integra a Elementor, junto con la planificación del copy de los contenidos para considerar las palabras claves que usan los usuarios al momento de realizar búsquedas, estén presentes en los contenidos del sitio web. Para ello fue de gran ayuda de Google Trends.

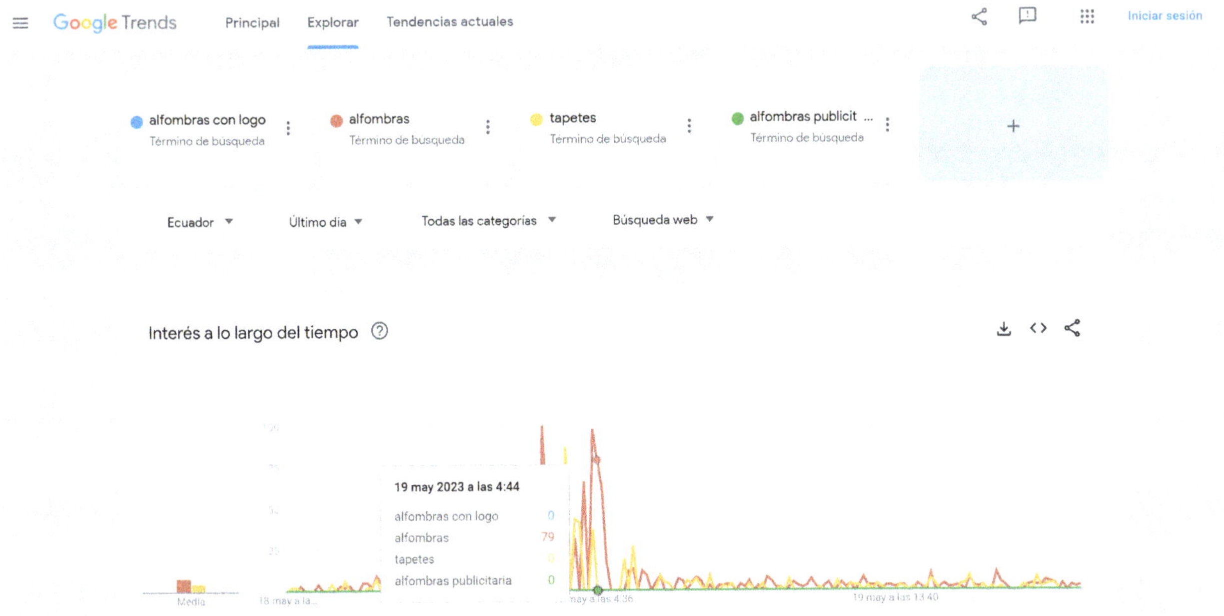

Ilustración 62, comparativa de palabras claves del panel de Google Trends.

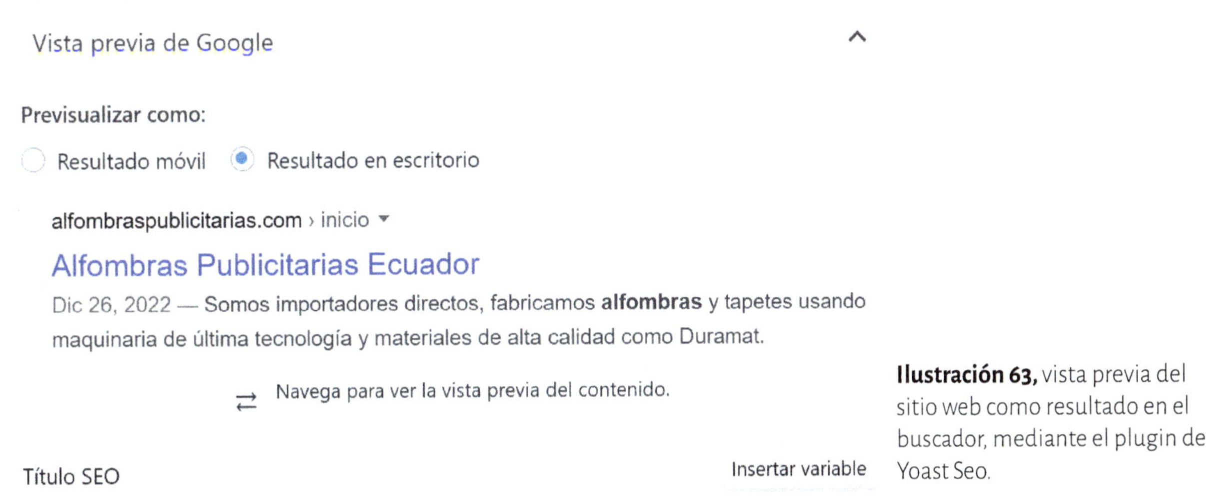

Ilustración 63, vista previa del sitio web como resultado en el buscador, mediante el plugin de Yoast Seo.

4.4.2. Test de Usabilidad del prototipo

La mejor manera de conocer si la solución propuesta es óptima es mediante la evaluación con un prototipo funcional con usuarios reales, así determinar los aspectos que necesitan mejorar o cambiar para poder desarrollar un sitio web que puedan usar y comprender los usuarios. Pues el objetivo comercial de Alfombras Publicitarias para tener un sitio web es que sirva de canal intermediario o punto de contacto entre la empresa y potenciales clientes.

Ilustración 64, una de las cuatro pruebas de usabilidad con usuarios del prototipo web.

Para el desarrollo de las pruebas (o tests) de usabilidad se invitaron a 4 usuarios, quienes llenaron un documento de consentimiento para grabar la sesión, los vídeos de las sesiones y folios de consentimiento se los puede hallar en el "Anexo H" en la página 212.

Las pruebas de usabilidad se desarrollaron de forma remota, el prototipo fue desarrollado en WordPress, así que se compartió al usuario el enlace para que acceda al sitio web. Tanto el usuario y el facilitador se conectaron a través de videoconferencia y con el micrófono activado en todo momento, el facilitador se presentó, explicó a los usuarios participantes en qué consistía la prueba y solicitó al usuario que piense en voz alta. Mientras el facilitador estuvo observando en silencio la sesión y anotando aspectos que resultaran relevantes, al final de la sesión el facilitador preguntó al usuario ¿Cuál fue el nivel de dificultad que experimentó con el sitio web? Solo como dato extra.

El caso de usuario que se les presentó a los usuarios participantes fue:

«Imagina que tienes tu propio negocio y para tu local comercial quieres adquirir una alfombra con tu logo, una alfombra publicitaria para tu establecimiento. Te han recomendado este sitio web para ello, deseas saber cómo realizar un pedido».

Entonces, las tareas que realizarían los usuarios serían:

- Navegación en el sitio web
- Búsqueda del contenido de productos
- Ingresar a un canal de contacto para hacer un pedido, sea por el formulario de contacto o el chat de WhatsApp de la empresa, o el correo electrónico.

A diferencia de las usuales rúbricas de tareas en una prueba de usabilidad que tienen un parámetro de tiempo, acá no se contempló eso, pues la navegación puede ser desde superficial hasta profunda, si llegan primero o no a los medios de contacto también es variable, si visitan o no las redes sociales de la empresa tampoco es una tarea, al fin y al cabo, son las redes que dirigen tráfico web orgánico al sitio web. Lo que realmente se consideró en la prueba de usabilidad, fue que los usuarios comprendan qué información les proporciona el sitio y cómo contactar con la empresa, lo cual es el objetivo de que se lance este sitio.

Los resultados obtenidos de las pruebas de usabilidad del prototipo fueron:

- La mayoría de los botones de la página de Inicio pasaron desapercibidos.

- Todos se preguntaban sobre el horario de atención, hasta que lo encontraban en el pie de página o en la página de Contacto.

- La ventana emergente o Popup no destacaba, algunos se detenían a leer y otros solo la cerraban, no había un titular o elemento que destacara para prestar atención a esa ventana emergente.

- Los usuarios no comprendían la diferencia entre el catálogo de productos con la página de productos, ¿Qué iban a obtener descargando el catálogo si ya tienen la información o ficha técnica de los productos en el sitio web?

Si se recuerda en el capítulo Etapa 1: Identificación de requisitos, en el apartado de test de usabilidad del sitio web actual de Alfombras Publicitarias, la cantidad numerosa de errores de usabilidad, confusión en los contenidos y organización de la información, era de forma considerable mayor, en contraste con los resultados obtenidos en el test de prototipo efectuado, porque no se detectaron errores de usabilidad, pues los usuarios sí pudieron navegar y usar el producto digital de forma muy buena, pero los errores encontrados responden a aspectos visuales que deben mejorarse para que el usuario realice una acción como presionar sobre el botón «Cotiza Aquí» por ejemplo, o que se interese en descargar el catálogo de productos, y no que se apresure en cerrar de forma inmediata la ventana emergente.

4.4.3. Resultados

Luego de realizar los tests de usabilidad, identificar los errores y posterior implementar las debidas correcciones, el sitio web fue habilitado para que los motores de búsqueda puedan indexar el sitio, entonces transcurrió un periodo de 31 días que al finalizar dicho tiempo se monitoreó el sitio web para analizar cómo fue el rendimiento de este. Cabe recalcar que fue un rediseño web, así que los motores de búsqueda ya estaban familiarizados con el sitio, solo tomó esperar un par de días para que Google indexara las nuevas páginas creadas y descarte las páginas viejas que se eliminaron del anterior sitio web.

Entre las métricas analizadas se encuentran:

- Optimización Web
- Adquisición de usuarios
- Tasa de conversión
- Tiempo de interacción de los usuarios
- Dispositivos de acceso

Posicionamiento orgánico o SEO

En el caso del posicionamiento, se sigue manteniendo en los primeros resultados de búsqueda respecto a su anterior versión, las palabras claves no cambiaron y se mantienen.

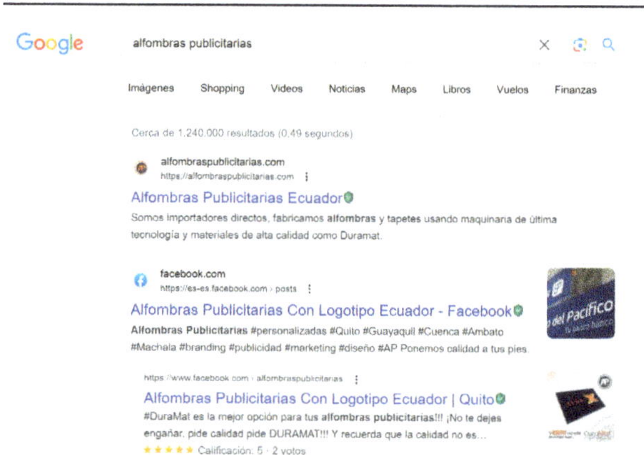

Ilustración 65, resultados en el buscador Google al buscar laspalabras claves «alfombras publicitarias».

Rendimiento Web

La optimización del rendimiento web es muy importante ya que impacta de forma directa sobre la experiencia del usuario, pues el tiempo de espera y la velocidad de carga y descarga de un sitio web incide de forma directa en la percepción del usuario, no en vano hay una conocida afirmación que establece que los usuarios solo están dispuestos a esperar diez segundos, pasado ese lapso de tiempo se marchan.

Entre las herramientas más reconocidas en este ámbito son Google Page Speed Insights y GTMetrix, a las cuales el sitio web de Alfombras Publicitarias fue sometido a inspección tras su rediseño. Pues como se explica en el apartado de Introducción de la presente investigación, el sitio original de AP obtuvo una baja o mala puntiación. Sim embargo, ahora obtuvo un buen puntaje.

La forma en que funciona Google Page Speed Insights es de dos maneras: la primera es que recopila datos de campo sobre el informe de experiencia de usuario de Chrome, y en segundo lugar, mide el rendimiento del sitio web usando la API de Lighthouse. Como resultado se obtiene una puntuación del 0 a 100 para proporcionar una evaluación aproximada sobre el rendimiento. Aunque también proporciona sugerencias respecto a SEO, Accesibilidad y Prácticas Recomendadas.

Mientras GTMetrix permite conocer de forma detallada el proceso de carga de un sitio web, es decir, el tiempo de descarga de cada elemento para así poder realizar optimizaciones y brindar una buena experiencia en cuanto a velocidad.

Estos análisis se realizaron al finalizar el desarrollo o implementación en línea del nuevo sitio web de Alfombras Publicitarias, así que al principio los puntajes resultaron medios y bajos, pero por la retroalimentación o *feedback* se pudo trabajar en los aspectos que lentificaban, como fue un peso tipográfico que tomaba demasiado tiempo para descargar, había problemas con el peso de las imágnes y otro por menores, entonces se trabajó en ello hasta conseguir un buen rendimiento web.

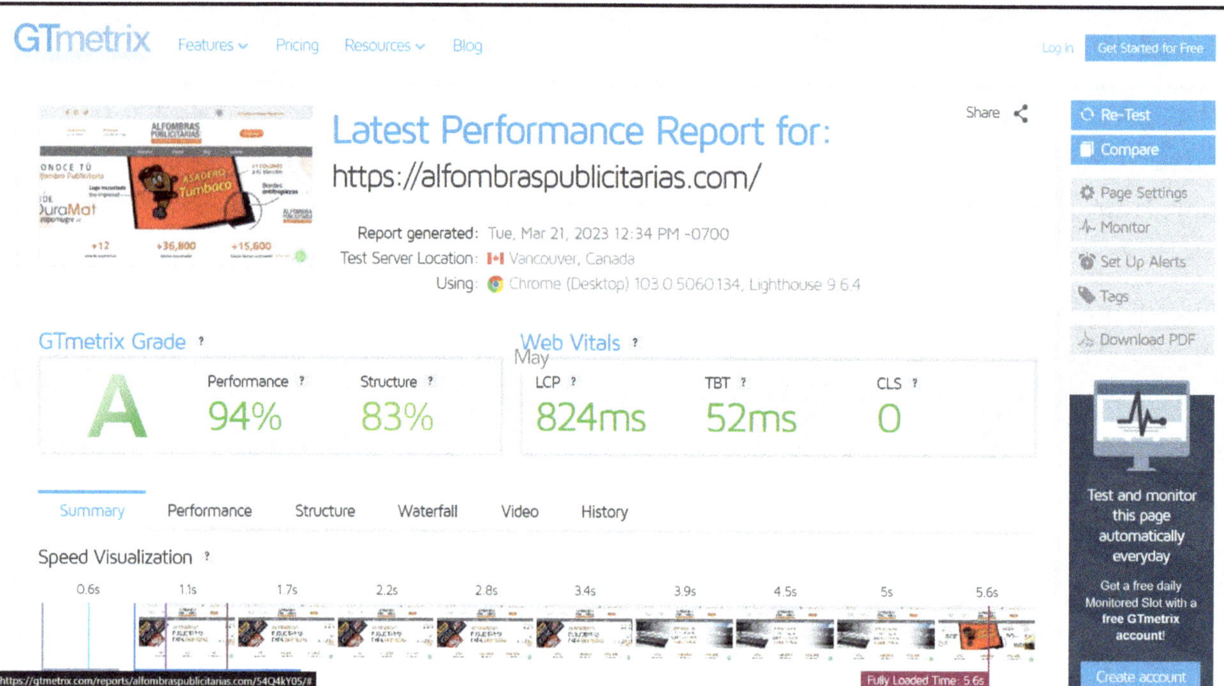

Ilustración 66, resultados de GTMetrix sobre el rendimiento del sitio web de AP, resultó tener un alto puntaje en velocidad, estructura y rendimiento.

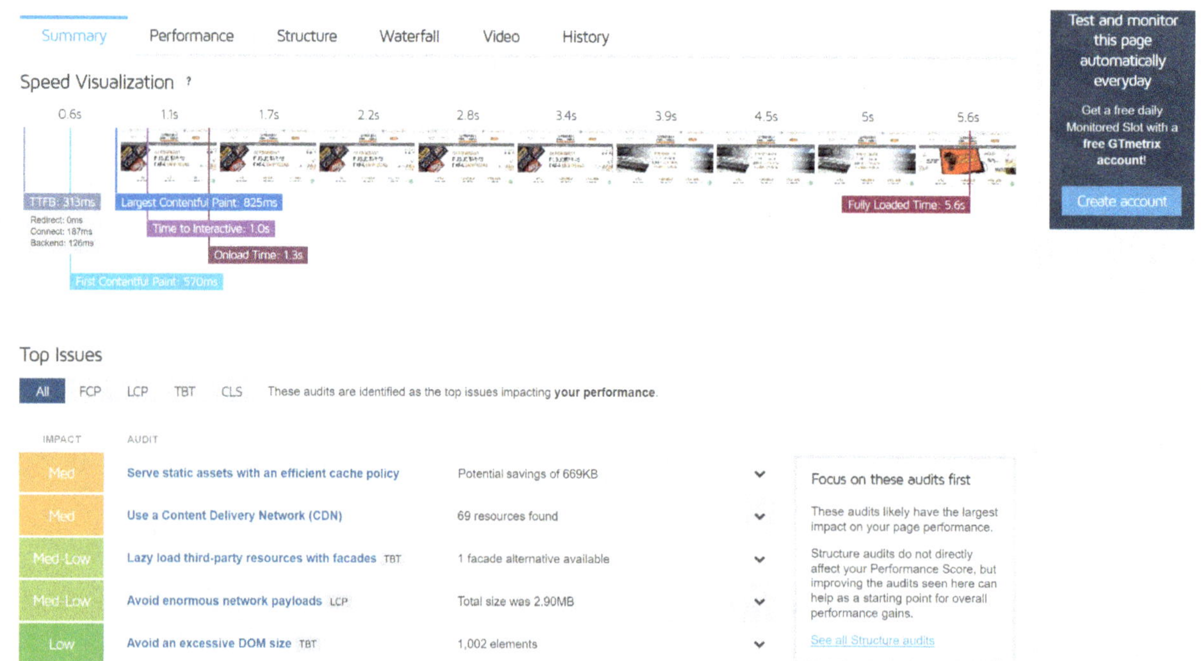

Ilustración 67, visualización de la velocidad de descarga del sitio, en total 5,6 segundos, está dentro de la categoría de aceptable y la lista de errores, muestra errores que tienen impacto medio, medio-bajo, y bajo.

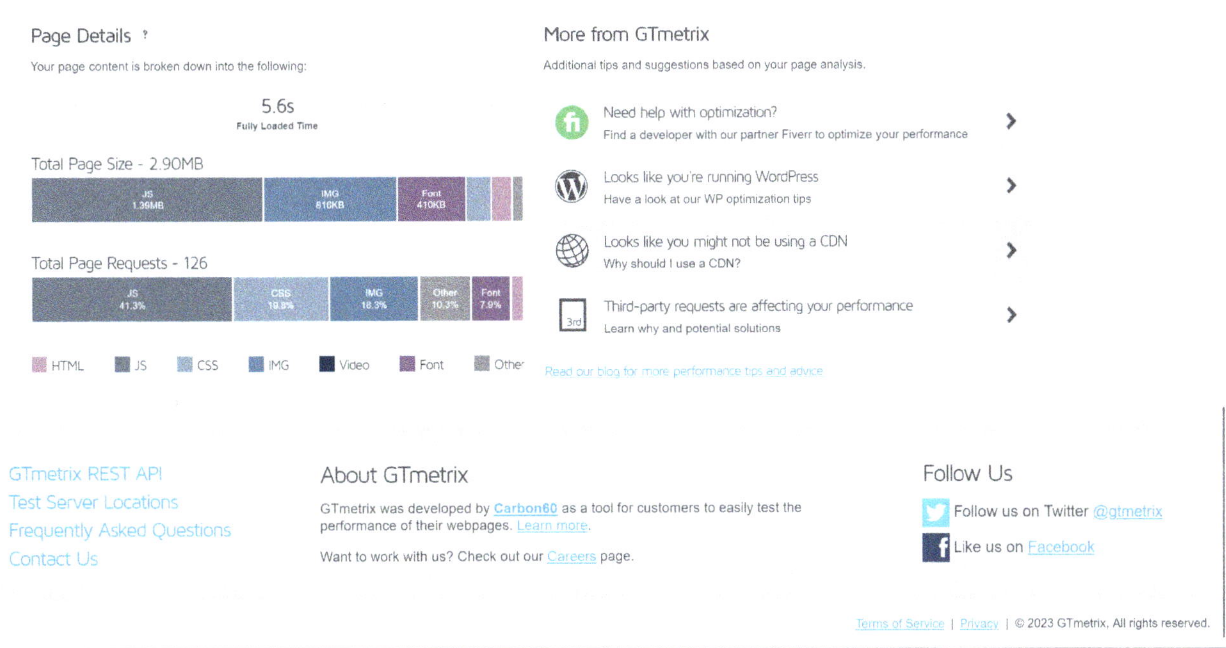

Ilustración 68, detalles de los elementos que inciden en el tiempo de carga de la página, el peso total del sitio web es de 2,90MB y los elementos de mayor peso son el contenido de JavaScript, Imágenes y Fuente Tipográfica.

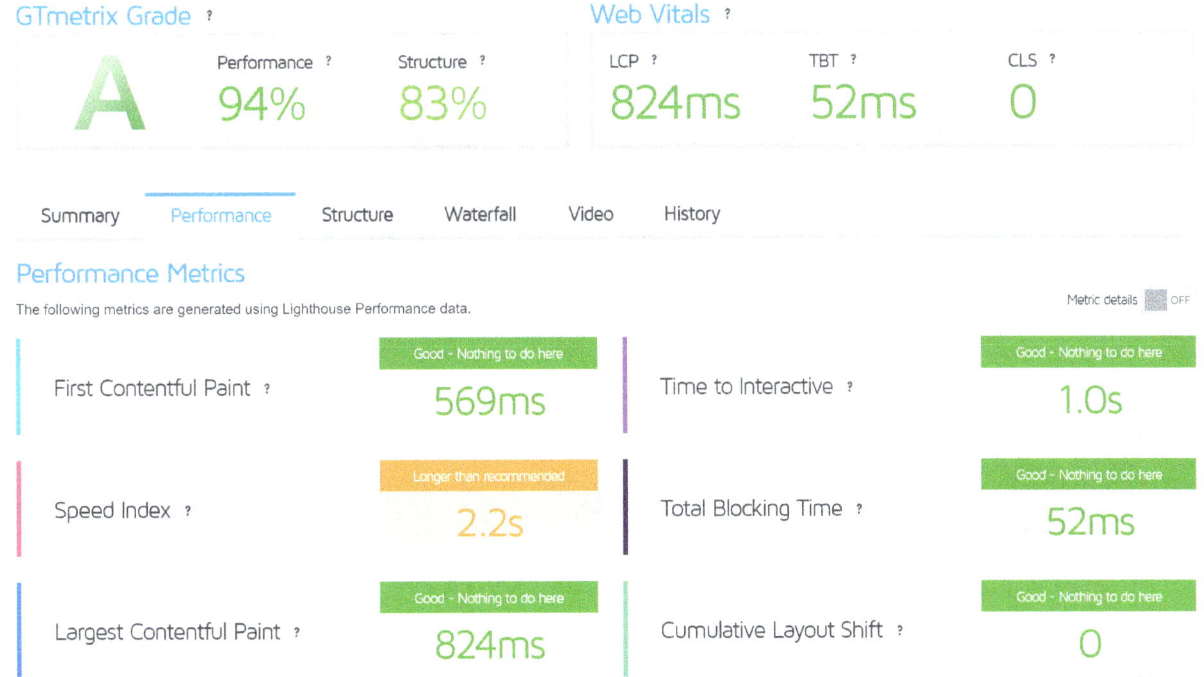

Ilustración 69, las métricas de rendimiento indican en color verde aquellos que cumplen o son eficientes, mientras en color naranja aquellos que tienen que mejorar, pero no son peligrosos en la velocidad de carga.

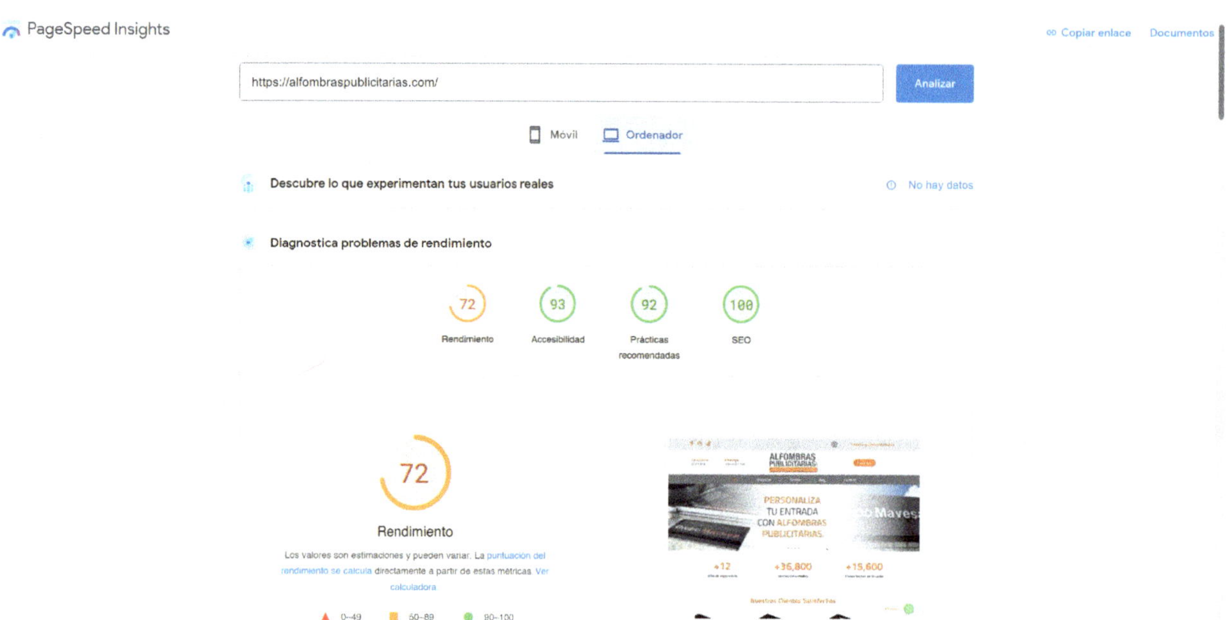

Ilustración 70, resultados de Google Page Speed Insights respecto al rendimiento en ordenador sobre el sitio web de Alfombras Publicitarias. Aunque el SEO, Prácticas recomendadas y accesibilidad están en una escala del 90-100 siendo excelente, el rendimiento está en una escala media.

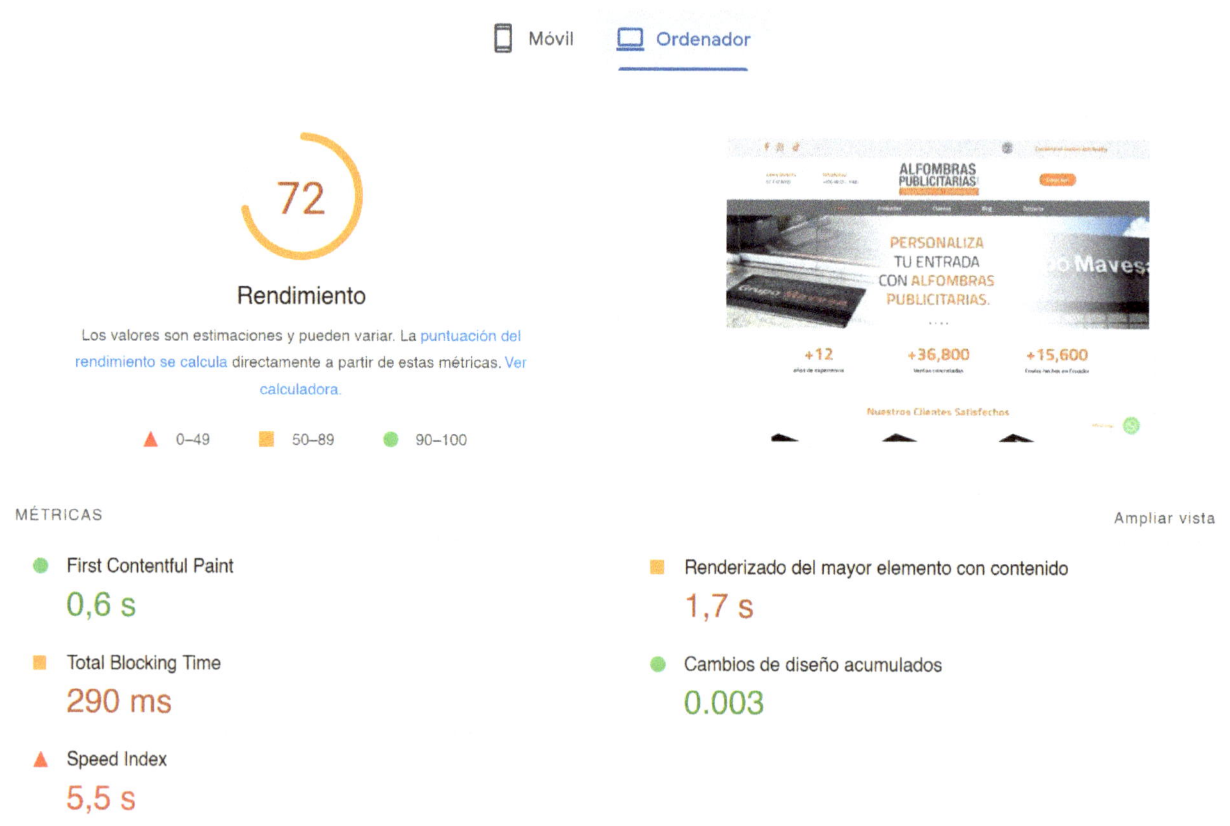

Ilustración 71, Google muestra las principales métricas que inciden que el rendimiento del sitio sea medio.

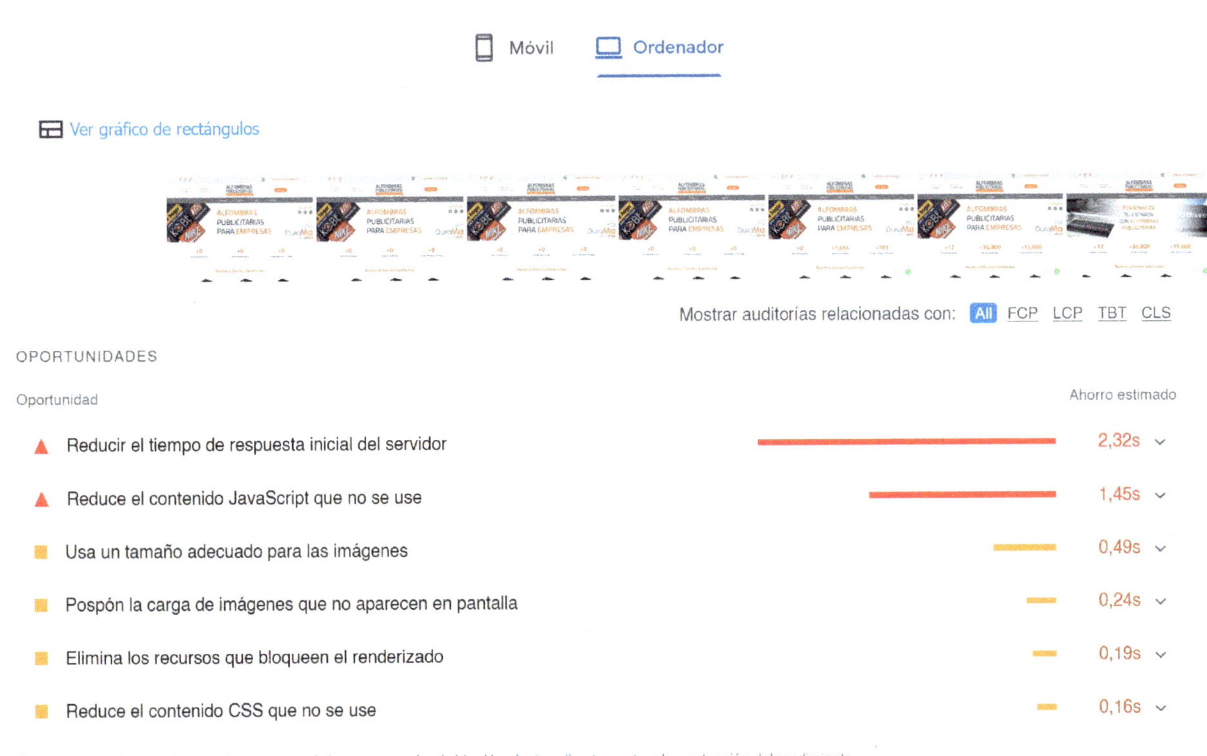

Ilustración 72, Google Page Speed Insights indica los aspectos que se pueden mejorar, al hacer clic sobre uno de ellos se desglosa información que ayuda a comprender el error y cómo resolverlo.

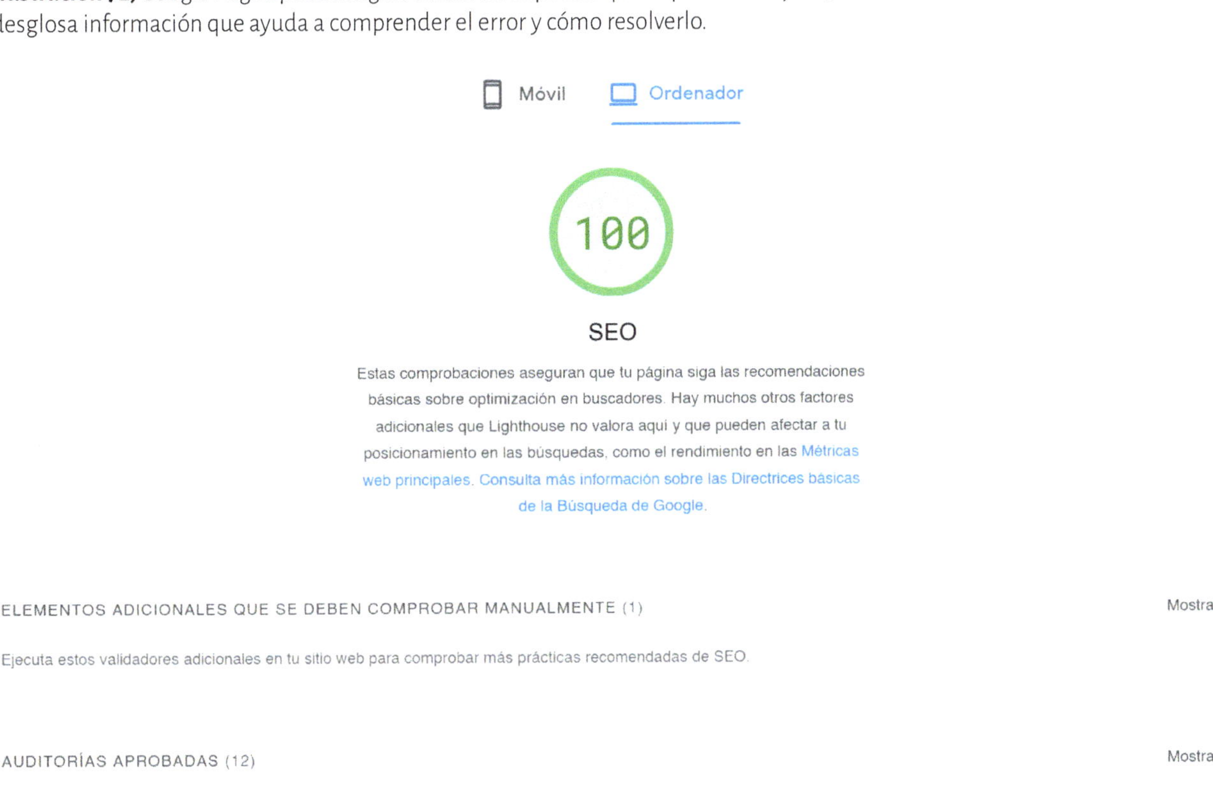

Ilustración 73, resultados de Google Page Speed Insights respecto al posicionamiento orgánico en buscadores, está excelente.

Adquisición de usuarios

El número de usuarios que acceden al sitio web está muy relacionado al sector del mercado que se enfoca la empresa de AP, que es fabricar y personalizar alfombras comerciales, pues si la temática del sitio web hubiera sido de un tema menos requerido o buscado, por ejemplo, ollas de barro, la cantidad de usuarios que presentaría sería considerablemente menor debido al nicho de mercado.

También cabe recalcar que, la procedencia del tráfico web es gracias tanto al buen posicionamiento orgánico en los buscadores, como a su presencia en redes sociales, trabajo realizado por el equipo de marketing de la empresa. Aunque esa área no concierne al tópico del presente trabajo de investigación, sí merece ser mencionado pues el público que adquieren de forma orgánica en las redes sociales es público real que un porcentaje de ellos se vuelven clientes potenciales.

Aunque dentro del tráfico web se encuentran diversos países los cuales no forman parte del público objetivo, lo importante es que el país de Ecuador y la ciudad de Quito lideran el primer lugar, representando más del 60% del tráfico web que recibe el sitio, pues allí es donde estáel nicho de mercado y público objetivo de la empresa, pues uno de sus objetivos comerciales es que el sitio haga de punto de contacto entre el usuario y la empresa.

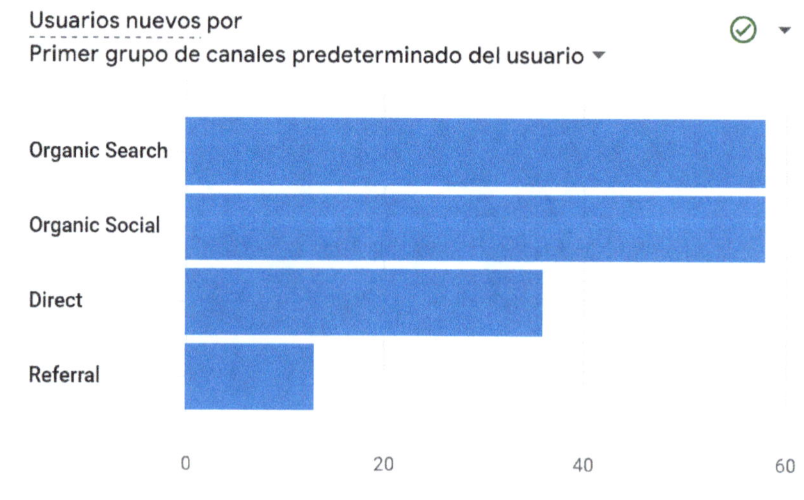

Ilustración 74 medios por los cuales los usuarios llegan al sitio web, tanto la búsqueda como redes sociales corporativas están a la par.

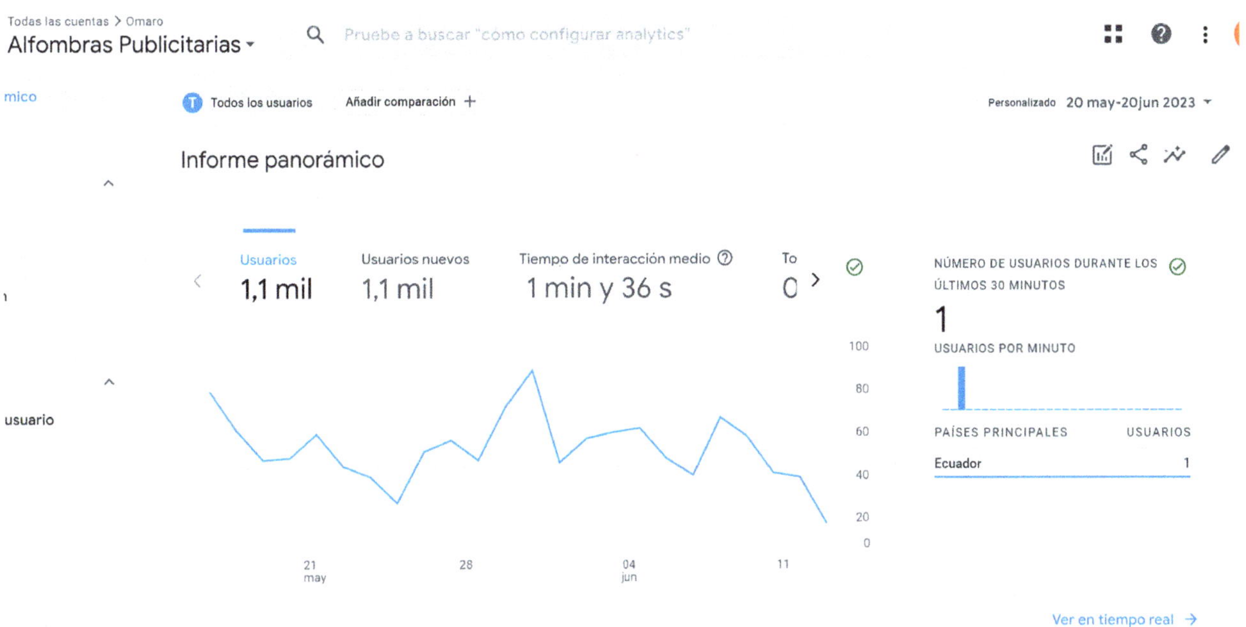

Ilustración 75, resultados en el buscador Google al buscar laspalabras claves «alfombras publicitarias».

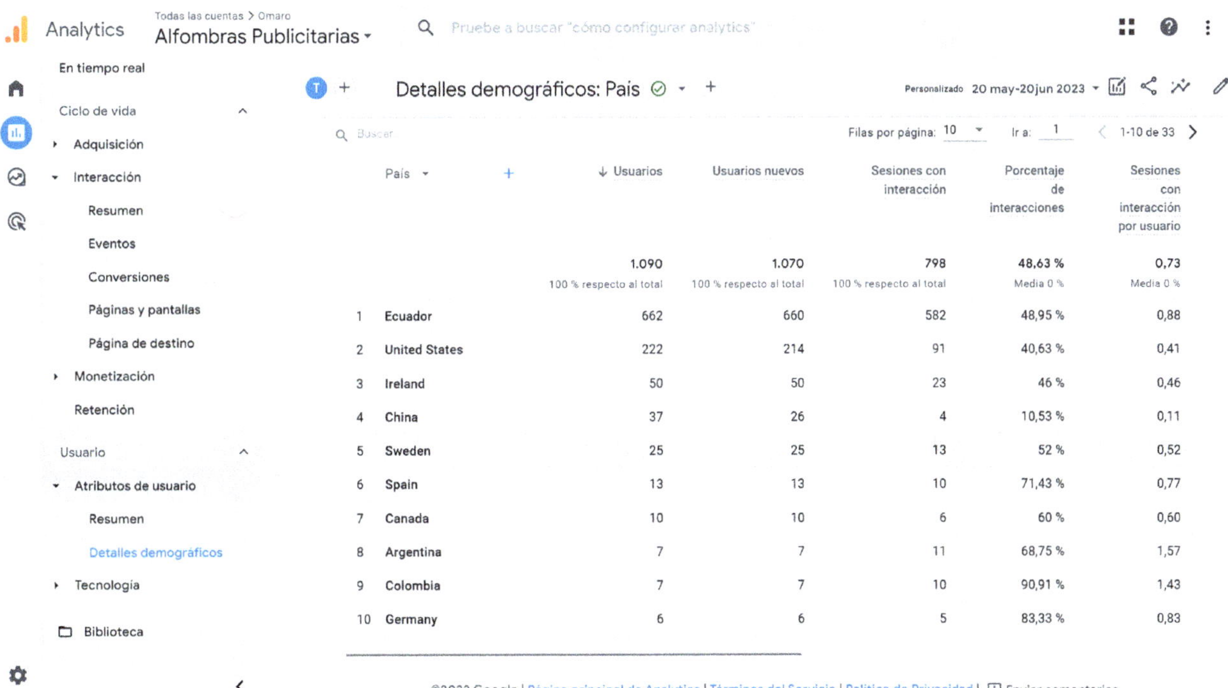

	País	Usuarios	Usuarios nuevos	Sesiones con interacción	Porcentaje de interacciones	Sesiones con interacción por usuario
		1.090 100 % respecto al total	1.070 100 % respecto al total	798 100 % respecto al total	48,63 % Media 0 %	0,73 Media 0 %
1	Ecuador	662	660	582	48,95 %	0,88
2	United States	222	214	91	40,63 %	0,41
3	Ireland	50	50	23	46 %	0,46
4	China	37	26	4	10,53 %	0,11
5	Sweden	25	25	13	52 %	0,52
6	Spain	13	13	10	71,43 %	0,77
7	Canada	10	10	6	60 %	0,60
8	Argentina	7	7	11	68,75 %	1,57
9	Colombia	7	7	10	90,91 %	1,43
10	Germany	6	6	5	83,33 %	0,83

Ilustración 76 informe detallado sobre los países de los cuales acceden los usuarios al sitio web de AP.

Tasa de conversión

En los formularios se integró Mailchimp (se explicó en temas anteriores), en el transcurso de este periodo de tiempo se ha conseguido una base de datos de 43 participantes, omitiendo a los dos participantes de prueba que se realizó al principio. Lo cual significa que las personas sí se encuentran interesadas en los productos y servicios de AP, y se pueden generan campañas de marketing como mailing con dichos datos.

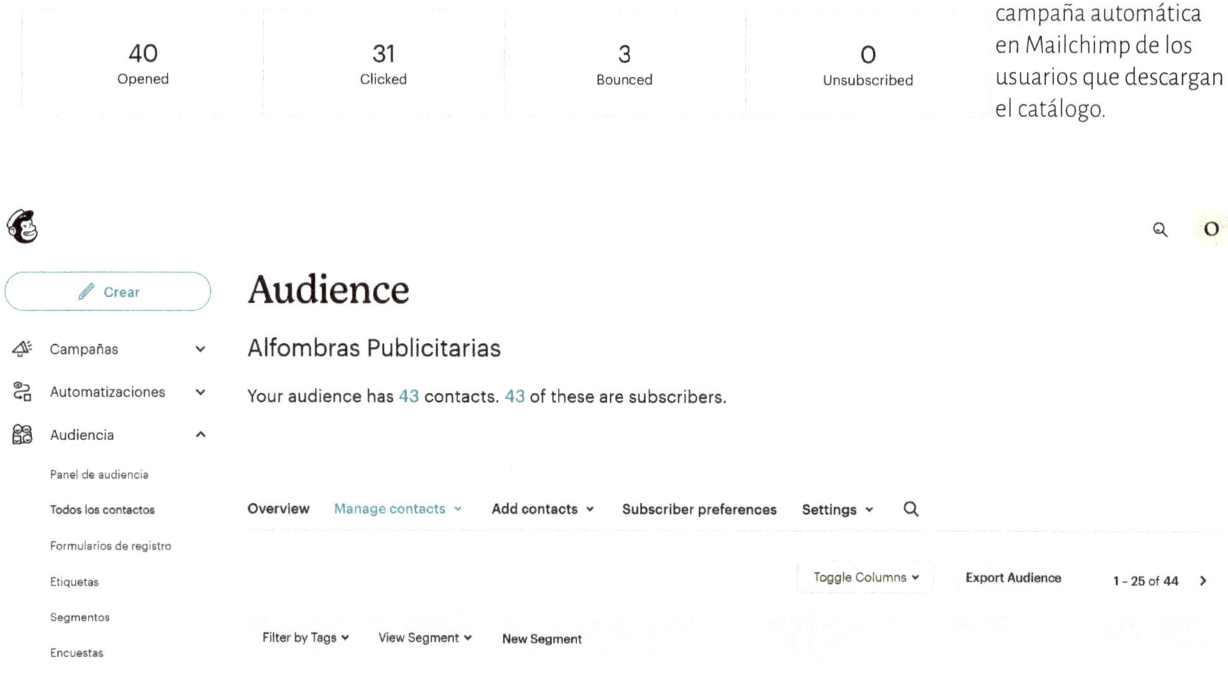

Ilustración 77, informe sobre el estado de la campaña automática en Mailchimp de los usuarios que descargan el catálogo.

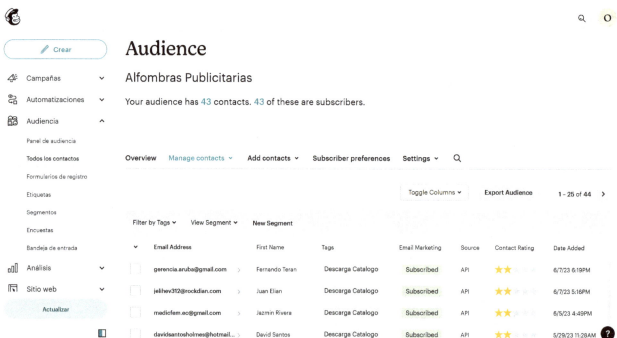

Ilustración 78, sección de Audiencia de Mailchimp donde se muestra el total de usuarios que se suscribieron para descargar el catálogo de productos de AP.

Tiempo de interacción de los usuarios

El tiempo de interacción, métrica que Google Analytics presenta como *engagemnet*, significa el tiempo que los usuarios permanecen navegando en el sitio web, los cuales pueden realizar eventos como: ver las páginas además de inicio, hacer clic sobre botones, hacer *scroll*, entre otros.

El tiempo de interacción demuestra la calidad de tráfico web que se recibe, o también el interés que los contenidos consiguen generar en los usuarios. Pues no es lo mismo un tráfico web pagado que posiblemente consiga usuarios que no pertenezcan al público objetivo, y por ello en cuanto acceden al sitio en unos pocos segundos se van. Ese tráfico web no es de calidad, pues no representa oportunidades de generar clientes potenciales o conseguir suscripciones. Mientras que un tráfico web orgánico, aunque no alcance la cantidad de usuarios que se conseguiría pagando, estos usuarios sí llegan al sitio por voluntad propia, sea por búsqueda o por redes sociales, ellos interactúan en una media de un minuto o más, entonces sí es tráfico web de calidad ya que son usuarios que realmente están interesados y dedican tiempo a navegar e interactuar con el sitio, de los cuales pueden surgir potenciales clientes que contacten con la empresa de AP.

¿CUÁLES SON SUS EVENTOS PRINCIPALES?

Número de eventos por Nombre del evento

NOMBRE DEL EVENTO	NÚMERO DE EVENTOS
page_view	496
user_engagement	325
session_start	260
first_visit	165
scroll	150
video_progress	58
click	46

Ilustración 79, informe sobre el estado de la campaña automática en Mailchimp de los usuarios que descargan el catálogo.

Dispositivos de acceso

No representa una métrica o KPI crucial, pero sí puede llegar a ser de utilidad si se trata de asegurar una buena optimización y experiencia según el dispositivo, pues a veces algunas características solo pueden integrar a un solo dispositivo. En este caso, los resultados muestran que el acceso mediante computadores y teléfonos móviles están casi empate, con la leve superación del ordenador frente al celular. Mientras que las tabletas pese a no representar ni siquiera un 1% no debe subestimarse.

Ilustración 80, gráfico de pastel que muestra la comparativa de dispositivos utilizados por los usuarios, los ordenadores y celulares son los dispositivos más utilizados, aunque el computador lo es más.

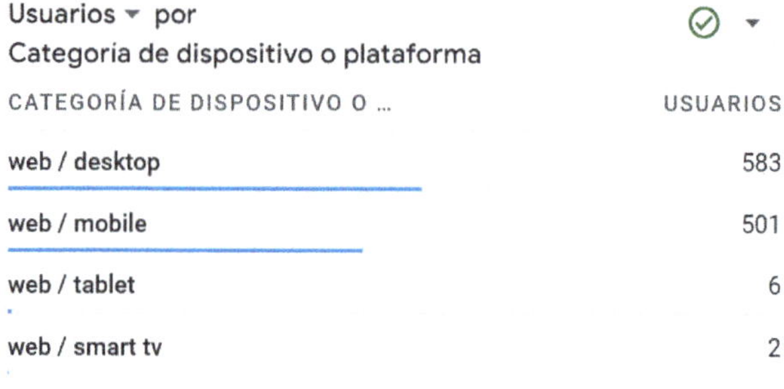

Usuarios por
Categoría de dispositivo o plataforma

CATEGORÍA DE DISPOSITIVO O ...	USUARIOS
web / desktop	583
web / mobile	501
web / tablet	6
web / smart tv	2

Ver combinaciones de plataformas y dispositivos →

Ilustración 81, informe detallado sobre los dispositivos de acceso, los menos usuales son las tabletas y televisores inteligentes.

Conclusiones y Líneas Futuras

5.1. Conclusiones

El rediseño web es una situación que suele realizarse en todos los sectores del mercado, sin importar el tamaño de la empresa que lo realice. Aunque las empresas grandes, incluidas las globales o multinacionales disponen de cuantiosos recursos para invertir en la mejor solución de un producto digital; igual en algún momento surge la necesidad de aplicar cambios para seguir manteniendo los objetivos comerciales fijados para sus canales digitales como su sitio web.

Sin embargo, es muy recurrente en las empresas pequeñas y Pymes la necesidad de rediseños web de sus canales digitales (sitios web, páginas de destino o incluso apps) de forma más frecuente, esto suele deberse ya que suelen disponer menos recursos y muchas veces ellos mismos crean sus propios canales digitales con ayuda de editores en línea como Wix o disponen de un experto en WordPress, pero en ambos casos: no se invierte en investigación, muchos menos en usabilidad, ni siquiera en una asesoría con un experto en diseño web, usabilidad o experiencia de usuario. Solo se plantean que necesitan un sitio web, porque todos los demás comercios los tienen y el mercado pasa en línea, pero no hay un verdadero objetivo y desde allí, ya se empieza mal.

Hoy en día cualquier persona que conozca manejar WordPress, a veces solo basta contratar un plan de Wix que tiene un maquetador de sitios web simple, que tiene por premisa: «Hágalo usted mismo». Empero las personas no consideran que estos programas nunca podrán suplir la labor que hace un especialista entendido en el tema: investigar, analizar, proponer y solucionar. Muchos negocios pequeños en los primeros meses o años notan que sus sitios web no rinden como esperaban, no consiguen los objetivos trazados si es que se los plantearon, entonces consideran un rediseño web, es entonces cuando recién consideran ir donde un especialista, buscar asesoría e investigar posibles opciones, cuando eso debió ser desde el inicio, ese dinero que gastaron en su primer sitio web fue perdido.

Por ello que el diseño web, la usabilidad y el diseño de experiencia de usuario es muy importante, la decisión de incluirlo o no puede afectar de forma directa el retorno de la inversión, aunque a futuro se tenga que realizar un rediseño web, no será tan drástico y costoso si desde el principio el producto fue bien diseñado. La investigación en las pequeñas empresas suele ser prescindible, muchas veces por falta de recursos o porque le quitan importancia, cuando la investigación es el pilar para el desarrollo de una buena solución. Ya los alcances que pueda esta tener por los recursos es variables, pero es mejor investigar algo, a no investigar absolutamente nada.

5.2. Líneas de trabaja futuro

El presente proyecto al igual que todo trabajo de diseño centrado en el usuario, diseño UX y *Design Thinking*: es un proceso iterativo, es decir, se puede realizar o repetir varias veces este proceso hasta alcanzar el objetivo deseado. Al ser un rediseño web, ya se tenía un punto de partida de los errores que se deben evitar y nuevas soluciones a considerar, pero no por ello el proceso murió o terminó, el diseño UX y *Design Thinking* que son las metodologías en las cuales se apoya este proyecto son iterativas. Entonces los aspectos en los cuales se puede mejorar en líneas futuras son:

- El *customer Journey Map* o mapa del viaje del usuario, no se tuvo la oportunidad de viajar directamente al establecimiento comercial de Alfombras Publicitarias para realizar la investigación, todo se hizo vía remota. Así que parte de mejorar e iterar, es conocer de mejor manera el recorrido que realizan los clientes y usuarios de Alfombras Publicitarias, así identificar cuáles son los puntos críticos y de dolor que puedan experimentar para identificar las oportunidades y situaciones a mejorar.

- El *User Research* o investigación de usuario, pues la investigación realizada fue a través de vía remota, no se tuvo la oportunidad de viajar para estar de forma presencial conociendo e interactuando de forma directa con los clientes que tiene la empresa.

- El rendimiento web aunque lanzó muy buenos resultados, Google PageSpeed Insights muestra que el rendimiento en ordenador es medio y en móvil es bajo, pese que se trabajó sobre los problemas indicados, hay algunos que salen del alcance y eso en un futuro tendría que trabajarlo un desarrollador web o un programador web, ya que el sitio web fue desarollado en WordPress pues conocimientos informáticos sobre desarrollo web profundos no se tienen. Sin embargo, esto no afecta de forma directa a la experiencia de usuario respecto a la velocidad de carga.

Bibliografía

Referencias Bibliográficas

2PuntoCero Agencia de Marketing Digital. (12 de Diciembre de 2020). 2PuntoCero. Obtenido de Caso de Éxito sitio web CL Colombia: https://2puntocero.com.co/caso-de-exito-web/

Ahmed, S. (2022, noviembre 16). Design System. Behance. https://www.behance.net/gallery/157188111/Design-System

ASALE, R.-, & RAE. (s. f.-a). Converger | Diccionario de la lengua española. «Diccionario de la lengua española» - Edición del Tricentenario. Recuperado 14 de abril de 2023, de https://dle.rae.es/converger

ASALE, R.-, & RAE. (s. f.-b). Divergir | Diccionario de la lengua española. «Diccionario de la lengua española» - Edición del Tricentenario. Recuperado 14 de abril de 2023, de https://dle.rae.es/divergir

Barros Bravo, R. (2019, mayo 10). Inbound Marketing [Clase de Universidad UTE].

Berruezo-Tijeras, E. (2017). Rediseño del sitio web: Fundación Dales la Palabra [MasterThesis]. https://reunir.unir.net/handle/123456789/6343

Caso de Éxito sitio web CL Colombia. (2020, diciembre 15). 2PuntoCero. https://2puntocero.com.co/caso-de-exito-web/

Caso de Sistema de Diseño de Mailchimp | Mailchimp. (s. f.). Recuperado 9 de mayo de 2023, de https://ux.mailchimp.com/patterns/color

Design Kit. (s. f.). Recuperado 14 de abril de 2023, de https://www.designkit.org/methods.html

Espinosa, R. (s.f.). Roberto Espinosa. Obtenido de BENCHMARKING: qué es, tipos, etapas y ejemplos: https://robertoespinosa.es/2017/05/13/benchmarking-que-es-tipos-ejemplos/

Ferreyros, C. (2021, enero). Caso de éxito Auna: El diseño web que alcanzó 35,765 visitas. https://blog.impulse.lat/caso-de-exito-auna-el-diseno-web-que-alcanzo-35765-visitas

Fontalba, T. (s. f.). 11 razones por las que deberías rediseñar la web de tu negocio [Blog]. Ttandem Digital Studio. Recuperado 10 de marzo de 2023, de https://www.ttandem.com/blog/11-razones-por-las-que-deberias-redisenar-la-web-de-tu-negocio/

Garrett, J. J. (2002). The Elements of User Experience: User-Centered Design for the Web and Beyond (Second Edition). New Riders. https://www.academia.edu/6511543/The_Elements_of_User_Experience_User_Centered_Design_for_the_Web_and_Beyond_Second_Edition

Hassan Montero, Y., & Martín Fernández, F. J. (2003). Guía de Evaluación Heurística de Sitios Web. No Solo Usabilidad, 2. https://www.nosolousabilidad.com/articulos/heuristica.htm

Hassan Montero, Y., Martín Fernández, F. J., & Iazza, G. (2004). Diseño Web Centrado en el Usuario: Usabilidad y Arquitectura de la Información. Universitat Pompeu Fabra, 2, 14.

Huella UNIR. (Septiembre de 2022). Huella UNIR. Obtenido de Un Proyecto de Diez: https://campusvirtual.unir.net/portal/site/PER5717-379-000-379__379/page/98e13071-6b55-4dbe-a151-9a4ce1d78314?sakai.state.reset=true

INEN: Servicio Ecuatoriano de Normalización desarrollado por ISO. (2019). ISO 9241-210:2019(en), Ergonomics of human-system interaction — Part 210: Human-centred design for interactive systems. Suiza: IT terminal and other peripheral equipment.

ISO. (2019). ISO 9241-210:2019(en), Ergonomics of human-system interaction—Part 210: Human-centred design for interactive systems (N.o 2; p. 33). INEN: Servicio Ecuatoriano de Normalización,desarrollado por ISO. https://inen.isolutions.iso.org/obp/ui/#iso:std:iso:9241:-210:ed-2:v1:en

K, A. (2022, octubre 31). UI KIT. Behance. https://www.behance.net/gallery/156035931/UI-KIT

Kemp, S. (2023, enero 26). Digital 2023: Global Overview Report. Datareportal. https://indd.adobe.com/view/15280b35-8827-433f-9e5a-07f1ec8c23f2?allowFullscreen=true&wmode=opaque

Krug, S. (2014). Don't Make Me Think, Revisited (Third Edition, Vol. 3). New Riders. http://www.pdfdrive.com/dont-make-me-think-revisited-a-common-sense-approach-to-web-usability-e195137398.html

López-Gutiérrez, M. A. (2017). Rediseño del sitio web luxestore [MasterThesis]. https://reunir.unir.net/handle/123456789/4990

Luquín, J. (2015). 5 planos del UX (p. 13) [Artículo de Revista Académica]. Universidad Iberoamericana Tijuana. https://issuu.com/josekain68/docs/5_planos_del_ux_issuu

Múgica-Ortiz, C. (2015). Rediseño de la plataforma milhistorias.es e integración de WhatsApp a su ecommerce [MasterThesis]. https://reunir.unir.net/handle/123456789/3542

Nessler, D. (s. f.). Cómo aplicar el pensamiento de diseño, diseño centrado en personas, experiencia de usuario o cualquier proceso creativo desde cero.

Nielsen Norman Group. (2012a, enero 3). Usability 101: Introduction to Usability. Nielsen Norman Group. https://www.nngroup.com/articles/usability-101-introduction-to-usability/

Nielsen Norman Group. (2012b, abril 22). Best Application Designs. Nielsen Norman Group. https://www.nngroup.com/articles/best-application-designs/

Nielsen Norman Group. (2015, febrero 16). Personas Make Users Memorable for Product Team Members. Nielsen Norman Group. https://www.nngroup.com/articles/persona/

Nielsen Norman Group (Director). (2017, octubre 20). Usefulness, Utility, Usability: 3 Goals of UX Design (Jakob Nielsen) (Video). https://www.nngroup.com/videos/usefulness-utility-usability/

Nielsen Norman Group (Director). (2018, septiembre 21). Creating Personas Is Like Sorting Rocks (Video). https://www.nngroup.com/videos/creating-personas-sorting-rocks/

Nielsen Norman Group. (2021a). 2021 Intranet Design Annual | Nielsen Norman Group UX Research Report. Past Intranet Design Annuals Intranet Design Annual: 2021. https://www.nngroup.com/reports/intranet-design-annual-2021/

Nielsen Norman Group. (2021b, abril 11). 10 Best Intranets of 2021. 10 Best Intranets of 2021: What Makes Them Great. https://www.nngroup.com/articles/intranet-design-2021/

Nielsen Norman Group. (2022a, mayo 15). Personas vs. Archetypes. Nielsen Norman Group. https://www.nngroup.com/articles/personas-archetypes/

Nielsen Norman Group (Director). (2022b, julio 15). Using Personas to Prioritize Features (Video). https://www.nngroup.com/videos/using-personas-prioritize-features/

Norman, D. (2007). Emotional Design: Why We Love (or Hate) Everyday Things. Hachette UK.

Pérez Subirats, J. L. (2003). Diseño informacional de los sitios web. ACIMED, 11(6), 0-0.

¿Qué es un sistema de diseño y cómo puedo usarlo en mis proyectos digitales? | Blog. (s. f.). Domestika. Recuperado 9 de mayo de 2023, de https://www.domestika.org/es/blog/6334-que-es-un-sistema-de-diseno-y-como-puedo-usarlo-en-mis-proyectos-digitales

Romero, A. (2021, febrero 1). Guía de rediseño de sitios web: Cómo transformar tu sitio web | Onza Marketing. Onza Agencia de Marketing Digital. https://onzamarketing.com/guia-de-rediseno-de-sitios-web-como-transformar-tu-sitio-web/

Salazar, E. M. (2016). CRECE CON INTERNET T. Arquitectura de la información: Garantiza una buena experiencia de usuario. https://docplayer.es/5005557-Crece-con-internet-t-arquitectura-de-la-informacion-garantiza-una-buena-experiencia-de-usuario.html

Sánchez, J. (2021, mayo 5). Amazon redesign UX/UI. Behance. https://www.behance.net/gallery/118802839/Amazon-redesign-UXUI

Santos, D. (2023, enero 20). Optimización web: Qué es, cómo hacerla y qué herramientas necesitas. https://blog.hubspot.es/website/optimizacion-web

Santos, Ó. (Director). (s. f.). Curso online—Diseño de producto digital con Lean y UX (Óscar SP (Elastic Heads)) (Vol. 1-32). Domestika. Recuperado 8 de abril de 2023, de https://www.domestika.org/es/courses/1490-diseno-de-producto-digital-con-lean-y-ux

TecnoHotel. (2016). Desarrollo Web ¿La llave del éxito? Madrid: Peldaño.

Universidad Internacional de La Rioja. (2023). Tema 1. Entendiendo el Diseño Centrado en el Usuario: Principios, procesos y métodos. Madrid: UNIR.

Universidad Técnica Particula de Loja. (21 de Diciembre de 2017). UTPL Blog. Obtenido de Comunicación crossmedia o transmedia: https://noticias.utpl.edu.ec/comunicacion-crossmedia-o-transmedia

Unger, R., & Chandler, C. (2012). A project guide to UX design: For user experience designers in the field or in the making (Second edition). New Riders.

Usabilidad en la web. (s. f.). DesarrolloWeb.Com. Recuperado 2 de abril de 2023, de https://desarrolloweb.com/manuales/5

Workai. (04 de Diciembre de 2020). Wokai. Obtenido de Delivering Productive Digital Experiences for Employees: https://workai.com/

Workai. (2021). Case Study: Omnchannel Internal Communication. Germany: Workai 2021.

www.ingramcontent.com/pod-product-compliance
Lightning Source LLC
LaVergne TN
LVHW081756050326
832903LV00027B/1967